科目別 過去問題集

2024高卒認定

スーパー実戦過去問題集

化学基礎

編集 ● J-出版編集部

制作 ● J-Web School

最新過去問題
&詳細解説
6回分
2021~2023年

J-出版

も く じ

高卒認定情報ほか

問題／解答・解説

高卒認定試験の概要

1. 高等学校卒業程度認定試験とは

　高等学校卒業程度認定試験（高卒認定試験）は、高等学校を卒業していないなどのため、大学等の受験資格がない方に対し、高等学校卒業者と同等以上の学力があるかどうかを認定する試験です。合格者には大学・短大・専門学校や看護学校などの受験資格が与えられるだけでなく、高等学校卒業者と同等以上の学力がある者として認定され、就職、転職、資格試験等に広く活用することができます。ただし、試験で合格要件を満たした者が満18歳に達していないときには、18歳の誕生日から合格者となります。

2. 受験資格

　受験年度末の3月31日までに満16歳以上になる方。現在、高等学校等に在籍されている方も受験が可能です。ただし、すでに大学入学資格を持っている方は受験できません。

3. 実施日程

　試験は8月と11月の年2回実施されます。8月試験と11月試験の受験案内（願書）配布開始日、出願期間、試験日、結果通知送付日は以下のとおりです（令和6年度の実施日程を基に作成しています。最新の実施日程については文部科学省のホームページを確認してください）。

	第1回(8月試験)	第2回(11月試験)
配 布 開 始 日	4月1日(月)〜	7月16日(火)〜
出 願 期 間	4月1日(月)〜5月7日(火)	7月16日(火)〜9月6日(金)
試 験 日	8月1日(木)・2日(金)	11月2日(土)・3日(日)
結果通知送付日	8月27日(火)発送	12月3日(火)発送

4. 試験科目と合格要件

　試験の合格者となるためには、合格要件に沿って8科目もしくは9科目の試験科目に合格することが必要です（「理科」の選択科目によって科目数が異なります）。

教科	試験科目	科目数	合格要件
国語	国語	1	必修
地理歴史	地理	1	必修
	歴史	1	必修
公民	公共	1	必修
数学	数学	1	必修
理科	科学と人間生活	2 または 3	以下の①、②のいずれかが必修 ①「科学と人間生活」の1科目と「物理基礎」、「化学基礎」、「生物基礎」、「地学基礎」のうち1科目（合計2科目） ②「物理基礎」、「化学基礎」、「生物基礎」、「地学基礎」のうち3科目（合計3科目）
	物理基礎		
	化学基礎		
	生物基礎		
	地学基礎		
外国語	英語	1	必修

5. 試験科目の出題範囲

試験科目	出題範囲（対応する教科書名）	
国語	「現代の国語」「言語文化」	
地理	「地理総合」	
歴史	「歴史総合」	
公共	「公共」	
数学	「数学Ⅰ」	
科学と人間生活	「科学と人間生活」	令和4年4月以降の高等学校入学者が使用している教科書
物理基礎	「物理基礎」	
化学基礎	「化学基礎」	
生物基礎	「生物基礎」	
地学基礎	「地学基礎」	
英語	「英語コミュニケーションⅠ」	

出願から合格まで

1. 受験案内（願書）の入手

　受験案内（願書）は、文部科学省や各都道府県教育委員会、各都道府県の配布場所などで配布されます。ただし、配布期間は年度毎に異なりますので、文部科学省のホームページなどで事前に確認してください。なお、直接取りに行くことができない方はパソコンやスマートフォンで受験案内（願書）を請求することが可能です。

〈パソコンもしくはスマートフォンで請求する場合〉

　次のURLにアクセスし、画面の案内に従って申し込んでください。　https://telemail.jp/shingaku/pc/gakkou/kousotsu/

○受験案内（願書）は、配布開始時期のおよそ1か月前から出願締切のおよそ1週間前まで請求できます。

○請求後、受験案内（願書）は発送日から通常3〜5日程度で届きます。ただし、配布開始日以前に請求した場合は予約扱いとなり、配布開始日に発送されます。

○受験案内（願書）に同封されている支払方法に従って送料を払います。

○不明な点はテレメールカスタマーセンター（TEL：050-8601-0102　受付時間：9:30〜18:00）までお問い合わせください。

2. 出願書類の準備

　受験案内（願書）を入手したら、出願に必要な次の書類を用意します（令和5年度の受験案内を基に作成しています。内容が変更になる場合もあるため、最新の受験案内を必ず確認してください）。

①受験願書・履歴書
②受験料（収入印紙）
③写真2枚（縦4cm×横3cm）※同じ写真を2枚用意
④住民票または戸籍抄本
⑤科目合格通知書 ※一部科目合格者のみ
⑥試験科目の免除に必要な書類（単位修得証明書、技能審査の合格証明書）※試験科目の免除を申請する者のみ
⑦氏名、本籍の変更の経緯がわかる公的書類（戸籍抄本等）※必要な者のみ
⑧個人情報の提供にかかる同意書 ※該当者のみ
⑨特別措置申請書および医師の診断・意見書 ※必要な者のみ
⑩出願用の封筒

①受験願書・履歴書
　受験願書・履歴書の用紙は受験案内に添付されています。

②受験料（収入印紙）
　受験科目が 7 科目以上の場合は 8,500 円、4 科目以上 6 科目以下の場合は 6,500 円、3 科目以下の場合は 4,500 円です。受験料分の金額の日本政府発行の収入印紙（都道府県発行の収入証紙等は不可）を郵便局等で購入し、受験願書の所定欄に貼り付けてください。

③写真 2 枚（縦 4 cm× 横 3 cm）
　出願前 6 か月以内に撮影した、無帽・背景無地・正面上半身の写真を 2 枚（同一のもの）用意し、裏面に受験地と氏名を記入して受験願書の所定欄に貼り付けてください。写真は白黒・カラーいずれも可です。

④住民票または戸籍抄本（原本）
　出願前 6 か月以内に交付され、かつ「本籍地（外国籍の方は国籍等）」が記載されたものを用意してください。マイナンバーの記載は不要です。海外在住の外国籍の方で提出が困難な場合は、必ず事前に文部科学省総合教育政策局生涯学習推進課認定試験第二係まで問い合わせてください。　TEL：03-5253-4111（代表）（内線 2590・2591）

⑤科目合格通知書（原本）
　過去に高等学校卒業程度認定試験または大学入学資格検定において、一部科目に合格している方は提出してください。なお、紛失した場合は受験案内にある「科目合格通知書再交付願」で出願前に再交付を受けてください。結婚等により、科目合格通知書に記載された氏名または本籍に変更がある場合は、「⑦氏名、本籍の変更の経緯がわかる公的書類（戸籍抄本等）」をあわせて提出してください。

⑥試験科目の免除に必要な書類（単位修得証明書、技能審査の合格証明書）（原本）
　試験科目の免除を申請する方は受験案内を確認し、必要書類を提出してください。なお、「単位修得証明書」が発行元で厳封されていない場合は受理されません。結婚等により、試験科目の免除に必要な書類の氏名に変更がある場合は、「⑦氏名、本籍の変更の経緯がわかる公的書類（戸籍抄本等）」をあわせて提出してください。

⑦氏名、本籍の変更の経緯がわかる公的書類（戸籍抄本等）（原本）
　結婚等により、「⑤科目合格通知書」や「⑥試験科目の免除に必要な書類」に記載された氏名または本籍が変更となっている場合に提出してください。

⑧個人情報の提供にかかる同意書
　外国籍の方で、過去に高等学校卒業程度認定試験または大学入学資格検定で合格した科目があり、「⑤科目合格通知書」の氏名（本名）または国籍に変更がある場合は、受験案内を確認して提出してください。

⑨特別措置申請書および医師の診断・意見書
　身体上の障がい等により、受験の際に特別措置を希望する方は、受験案内を確認し、必要書類を提出してください。

⑩出願用の封筒
　出願用の封筒は受験案内に添付されています。封筒の裏面に氏名、住所、電話番号、受験地を明記し、「出願書類確認欄」を用いて必要書類が揃っているかを再度チェックし、不備がなければ郵便局の窓口で「簡易書留扱い」にして文部科学省宛に送付してください。

3．受験票

　受験票等（受験科目決定通知書、試験会場案内図および注意事項を含む）は文部科学省から受験願書に記入された住所に届きます。受験案内に記載されている期日を過ぎても到着しない場合や記載内容に誤りがある場合は、文部科学省総合教育政策局生涯学習推進課認定試験第二係に連絡してください。　TEL：03-5253-4111（代表）　①試験実施に関すること（内線 2024・2643）②証明書に関すること（内線 2590・2591）

4．合格発表・結果通知

　試験の結果に応じて、文部科学省から次のいずれかの書類が届きます。全科目合格者には「**合格証書**」、一部科目合格者には「**科目合格通知書**」、その他の者には「**受験結果通知**」が届きます。「**合格証書**」が届いた方は、大学入学資格（高等学校卒業程度認定資格）が与えられます。ただし、試験で合格要件を満たした方が満 18 歳に達していないときには、18 歳の誕生日から合格者となります。そのため、大学入学共通テスト、大学の入学試験等については、原則として満 18 歳になる年度から受験が可能となります。大学入学共通テストについては、独立行政法人大学入試センター　事業第一課（TEL：03-3465-8600）にお問い合わせください。「**科目合格通知書**」が届いた方は、高等学校卒業程度認定試験において 1 科目以上の科目を合格した証明になりますので、次回の受験まで大切に保管するようにしてください。なお、一部科目合格者の方は「**科目履修制度**」を利用して、合格に必要な残りの科目について単位を修得することによって、高等学校卒業程度認定試験合格者となることができます（「**科目履修制度**」については次のページもあわせて参照してください）。

科目履修制度 （未合格科目を免除科目とする）

1. 科目履修制度とは

　科目履修制度とは、通信制などの高等学校の科目履修生として未合格科目（合格に必要な残りの科目）を履修し、レポートの提出とスクーリングの出席、単位認定試験の受験をすることで履修科目の単位を修得する制度となります。この制度を利用して単位を修得した科目は、免除科目として文部科学省に申請することができます。高等学校卒業程度認定試験（高卒認定試験）の合格科目と科目履修による単位修得を合わせることにより、高等学校卒業程度認定試験の合格者となることができるのです。

2. 科目履修の学習内容

　レポートの提出と指定会場にて指定回数のスクーリングに出席し、単位認定試験で一定以上の点数をとる必要があります。

3. 科目履修制度の利用

❶ すでに高卒認定試験で合格した一部科目と科目履修を合わせることにより高卒認定試験合格者となる。

| 高卒認定試験 既合格科目 | ＋ | 科目履修 （残り科目を履修） | ＝ | 合わせて 8科目以上 | 高卒認定試験 合格 |

※最低1科目の既合格科目または合格見込科目が必要

① 苦手科目がどうしても合格できない方　　② 合格見込成績証明書を入手し、受験手続をしたい方
③ 残り科目を確実な方法で合格したい方　　④ 大学・短大・専門学校への進路が決まっている方

❷ 苦手科目等を先に科目履修で免除科目にして、残りの得意科目は高卒認定試験で合格することで高卒認定試験合格者となる。

| 科目履修 （苦手科目等を履修） | ＋ | 高卒認定試験 科目受験 | ＝ | 合わせて 8科目以上 | 高卒認定試験 合格 |

※最低1科目の既合格科目または合格見込科目が必要

① 得意科目だけで高卒認定試験の受験に臨みたい方　　② できるだけ受験科目数を減らしたい方
③ どうしても試験で合格する自信のない科目がある方　　④ 確実な方法で高卒認定試験の合格を目指したい方

4. 免除を受けることができる試験科目と免除に必要な修得単位数

免除が受けられる試験科目	高等学校の科目	免除に必要な修得単位数
国語	「現代の国語」	2
	「言語文化」	2
地理	「地理総合」	2
歴史	「歴史総合」	2
公共	「公共」	2
数学	「数学Ⅰ」	3
科学と人間生活	「科学と人間生活」	2
物理基礎	「物理基礎」	2
化学基礎	「化学基礎」	2
生物基礎	「生物基礎」	2
地学基礎	「地学基礎」	2
英語	「英語コミュニケーションⅠ」	3

（注）上記に記載されている免除に必要な修得単位数はあくまで標準的修得単位数であり、学校によっては科目毎の設定単位数が異なる場合があります。

■科目履修制度についてより詳しく知りたい方は、J-出版編集部にお問い合わせください。
　TEL：03-5800-0552
　Mail：info@j-publish.net

傾向と対策

1. 出題傾向

　過去3年間の8月試験および11月試験の出題傾向は以下のとおりです。化学基礎の場合、同じ年度においては8月試験と11月試験で同じような範囲からの出題が多く見られます。各単元において重要項目は概ね決まっていますが、物質の種類や問われ方、実験などはさまざまなパターンがあるので、過去の出題をよく見てどのような問題が出題されているかを確認のうえ、学習を進めてください。

出題内容	令和3年度第1回	令和3年度第2回	令和4年度第1回	令和4年度第2回	令和5年度第1回	令和5年度第2回	配点
大問1　化学と人間生活							
人間生活の中の化学	●	●	●	●	●	●	
混合物の分離		●	●		●	●	
物質の構成元素	●	●					
物質の三態						●	20点
混合物・純物質・化合物・単体		●				●	
元素の検出	●			●	●		
同素体	●	●	●	●	●		
熱運動				●			
大問2　物質の構成粒子							
原子の構造	●	●	●	●	●	●	
同位体			●	●		●	20点
元素の周期律と元素の性質	●	●	●		●		
大問3　物質と化学結合							
構造式・電子式・分子式			●	●	●	●	
イオンとイオン結合	●	●	●		●	●	
金属と金属結合	●	●		●			20点
分子と共有結合	●	●			●	●	
極性・電気陰性度			●			●	
大問4　物質量と化学反応式							
原子量・分子量・式量		●	●	●	●	●	
物質量	●	●	●	●	●	●	
質量パーセント濃度	●		●			●	20点
化学反応式	●	●	●				
化学反応の量的関係		●		●		●	
大問5　化学反応							
酸と塩基	●	●	●	●	●	●	
中和反応と塩の生成		●	●		●		
中和滴定	●			●		●	20点
酸化と還元	●				●	●	
金属の酸化還元反応		●	●	●	●	●	
さまざまな酸化還元反応		●	●	●			

2. 出題内容と対策

1

　大問1は物質の成分と構成元素に関する出題です。プラスチックや金属など身近な素材についての知識から物質に関する基本事項が出題されます。物質の三態や混合物の分離、炎色反応、同素体などが挙げられます。これらを含めて基本事項を整理したうえで学習すると効果的です。

2

　大問2は原子の構成に関する出題になりますが、主に原子の構造や周期表を含めた元素の性質に関する内容が問われます。主な元素については周期表でしっかり確認しておく必要があります。また、原子番号、質量数、価電子の数など重要項目については十分に理解しておいてください。繰り返し問題演習をこなしていけば、自ずと頭に入ってくる内容なので、しっかり練習しましょう。

3

　大問3は大問2と同様に物質の構成から出題されますが、その内容は主に化学結合に関するものです。イオン結合、金属結合、共有結合、分子結合についてほぼすべての内容が出題されます。それぞれの融点や伝導性、外力に対する性質などを押さえておきましょう。構造式や電子式、そして分子の形などの知識も合わせて覚えるようにしてください。化学結合も物質に合わせてさまざまな種類があるので、繰り返し復習を重ねてすこしずつ暗記するようにしましょう。

4

　大問4は物質の変化から出題されます。そのなかでもとくに物質量に関する内容が中心になります。原子量、分子量、式量のほか、溶液の濃度についても出題範囲になります。ここでは物質量に関する計算問題も出題されるので、それぞれの定義を覚えてしっかり問題演習をこなして対策する必要があります。化学反応式も含め範囲が広い単元ですから、すこしずつ学習を進めてください。

5

　大問5は大問4と同様に物質の変化についての出題になります。しかし、その内容は化学反応に関するさまざまな知識を問うものになります。重要項目は酸と塩基に関する内容です。この部分をしっかり押さえたうえで、中和、酸化還元の内容を学習するようにしてください。金属のイオン化傾向や電池もしっかり理解しましょう。とにかくさまざまな化学反応式が出てくるので、混乱することもありますが、重要な化学反応については正確に反応式を覚える必要があります。さらに係数や酸化数なども問われるので考え方をきちんと理解して、問題演習を行うようにしましょう。

令和５年度 第２回
高卒認定試験

化学基礎

解答時間　50分

化 学 基 礎

$$\left(\text{解答番号}\quad\boxed{1}\quad\sim\quad\boxed{20}\right)$$

1 化学と人間生活について，問1～問4に答えよ。

問1　次の記述は，アルミニウム，銅，鉄に関するものである。A～Cに当てはまる金属の組合せとして最も適当なものはどれか。下の①～⑤のうちから一つ選べ。解答番号は　$\boxed{1}$　。

A　製造する際に多量の電気を必要とする。（溶融塩電解を利用する。）

B　赤色の光沢があり，電線などに用いられる。

C　最も生産量が多く，線路や建造物の材料などに広く使われている。

	A	B	C
①	アルミニウム	銅	鉄
②	アルミニウム	鉄	銅
③	鉄	銅	アルミニウム
④	鉄	アルミニウム	銅
⑤	銅	アルミニウム	鉄

問2　お茶の葉に含まれる特定の成分を取り出すため次の操作を行った。文中の（　A　），（　B　）に当てはまる語句の組合せとして正しいものはどれか。下の①～⑤のうちから一つ選べ。解答番号は　$\boxed{2}$　。

お茶の葉に熱湯を加えて成分を（　A　）した。

続けて，お茶の葉と成分が含まれる溶液を（　B　）により分離した。

	A	B
①	抽出	昇華
②	蒸留	ろ過
③	蒸留	昇華
④	抽出	ろ過
⑤	再結晶	昇華

問3 次の文中の（ A ），（ B ）に当てはまる元素名の組合せとして最も適当なものはどれか。下の①～⑤のうちから一つ選べ。解答番号は 3 。

・物質Xの水溶液を白金線につけてガスバーナーの外炎に入れたとき，炎が黄色になると（ A ）が含まれていることがわかる。

・物質Yの水溶液に硝酸銀水溶液を加えたとき，白濁すると（ B ）が含まれていることがわかる。

	A	B
①	カリウム	塩素
②	カリウム	水素
③	ナトリウム	窒素
④	ナトリウム	塩素
⑤	ナトリウム	水素

問4 物質の状態変化の名称と，それに関連する日常生活における現象の組合せとして正しいものはどれか。次の①～⑤のうちから一つ選べ。解答番号は 4 。

	状態変化の名称	日常生活における現象
①	昇華	水でぬれていた洗濯物が乾いた。
②	凝固	冷たい飲み物を入れたコップの外側に水滴がついた。
③	融解	氷がとけて水になった。
④	凝縮	火がついたロウソクから流れたロウが冷えて固まった。
⑤	蒸発	雨にぬれた書類のインクがにじんだ。

2 物質の構成粒子について，問1～問4に答えよ。

問1 次の図はヘリウム原子 ^4_2He の構造を模式的に表したものである。水素原子 ^1_1H の構造を同様に表す場合，**原子核**として正しいものはどれか。下の①～⑤のうちから一つ選べ。解答番号は 5 。

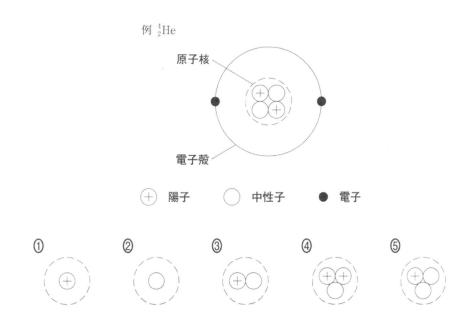

問2 次のア～オの原子に関する記述として正しいものはどれか。下の①～⑤のうちから一つ選べ。解答番号は 6 。

ア $^{32}_{16}\text{S}$　　イ $^{34}_{16}\text{S}$　　ウ $^{35}_{17}\text{Cl}$　　エ $^{40}_{19}\text{K}$　　オ $^{40}_{20}\text{Ca}$

① 電子の数が等しい原子はイとウである。

② 質量数が等しい原子はアとイである。

③ ア～オの原子のうち，中性子の数が等しい原子は3つある。

④ ア～オの原子は全て陽子の数が異なる。

⑤ 最も中性子の数が多い原子はエである。

問 3　最も安定な電子配置をもつ原子はどれか。次の①～⑤のうちから一つ選べ。

解答番号は　7　。

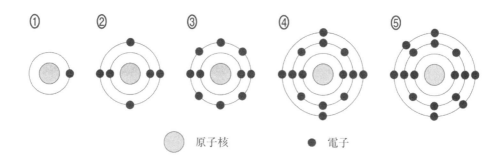

① ② ③ ④ ⑤

◯ 原子核　　　● 電子

問 4　次の表は元素の周期表の一部である。ア～オの元素についての記述として正しいものはどれか。下の①～⑤のうちから一つ選べ。解答番号は　8　。

周期＼族	1	2	13	14	15	16	17	18
1	H							He
2	ア	Be	B	C	N	O	エ	Ne
3	イ	ウ	Al	Si	P	S	Cl	オ

① オの単体は他の元素と非常に反応しやすい。

② ア，イの単体は常温・常圧(20 ℃，1.0×10^5 Pa)で気体である。

③ ウは遷移元素に含まれる。

④ エは陽イオンになりやすい。

⑤ アとイは同族元素で，化学的な性質がよく似ている。

3　物質と化学結合について，問1～問4に答えよ。

問1　次の文中の（　A　），（　B　）に当てはまる数値と元素記号の組合せとして正しいものは
　　　どれか。下の①～⑤のうちから一つ選べ。解答番号は　9　。

　　　　塩素原子 Cl は価電子の数が7個で，不対電子は（　A　）個である。2個の塩素原子はお
　　　互いに電子を共有することで結合し，塩素分子 Cl_2 をつくる。このとき，各塩素原子は貴ガ
　　　ス（希ガス）の（　B　）と同じ安定な電子配置となる。

　　　　　　　　　　　　　　　原子核

　　　　　　　　　　● 電子

塩素原子 Cl の電子配置図

	A	B
①	1	Ar
②	2	He
③	3	Ar
④	4	He
⑤	5	Ar

問2 次の文は，花子先生と太郎さんの会話である。文中の（　A　），（　B　）に当てはまる語句の組合せとして最も適当なものはどれか。下の①〜⑤のうちから一つ選べ。解答番号は　10　。

太郎さん 「先生，共有結合している原子の間で電荷がかたよることがあると聞きました。電子対は原子間で共有されているのに，どうしてそのようなかたよりが生じるのですか。」

花子先生 「たとえば，塩化水素 HCl では塩素原子 Cl の（　A　）が水素原子 H より大きいため，塩素原子が共有電子対を引きつけています。その結果，水素原子と塩素原子の間で電荷がかたより，極性が生じます。しかし，同じ原子が共有結合している二原子分子では，原子間に電荷のかたよりはできません。」

太郎さん 「なるほど。ということは，水素分子 H_2 には極性が（　B　）のですね。」

花子先生 「その通りです。」

	A	B
①	電気陰性度	ある
②	電気陰性度	ない
③	イオン化エネルギー	ある
④	原子番号	ない
⑤	原子番号	ある

問3 ケイ素の単体および化合物に関する次の記述のうち，下線部が正しいものはどれか。次の①〜⑤のうちから一つ選べ。解答番号は　11　。

① 二酸化ケイ素は，常温・常圧(20℃，1.0×10^5 Pa)で液体である。
② 二酸化ケイ素は，自然界に全く存在しない。
③ ケイ素の単体は，二酸化ケイ素を酸化して得る。
④ ケイ素の単体は，自然界に多く存在する。
⑤ 二酸化ケイ素の結晶は，共有結合の結晶である。

問 4　次の文中の（　A　），（　B　）に当てはまる語句の組合せとして正しいものはどれか。下の①～⑤のうちから一つ選べ。解答番号は　12　。

プラスチックの原料の一つであるポリエチレンは，エチレン分子 $CH_2＝CH_2$ の二重結合が単結合になって次々に長くつながり，巨大な分子となった化合物である。ポリエチレンのように，多くの原子が（　A　）結合で結びつき，巨大な分子となった化合物を（　B　）という。

	A	B
①	共有	イオン結晶
②	共有	高分子化合物
③	金属	金属結晶
④	イオン	高分子化合物
⑤	イオン	イオン結晶

令和５年度第２回試験

4 物質量と化学反応式について，問１～問４に答えよ。

問 1 原子量，分子量，式量に関する記述として正しいものはどれか。次の①～⑤のうちから一つ選べ。解答番号は 13 。

① 原子量はそれぞれの元素を構成する同位体のうち，最も存在比の大きいものの相対質量を用いる。

② 分子量，式量の単位はグラム(g)である。

③ ナトリウムイオン Na^+ の式量はナトリウム原子 Na の原子量より大きい。

④ 分子量は分子式を構成する元素の原子量の総和で求められる。

⑤ 金属のように組成式で表される単体の式量の値は，原子量の値と異なる。

問 2 次の表は 0 ℃，1.0×10^5 Pa における 16 g のメタン CH_4 と 32 g の酸素 O_2 それぞれの分子の個数，気体の体積，物質量をまとめたものである。表中の A ～ C に当てはまる数値の組合せとして正しいものはどれか。下の①～⑤のうちから一つ選べ。ただし，原子量は H = 1.0，C = 12，O = 16 とし，アボガドロ定数は 6.0×10^{23} /mol とする。解答番号は 14 。

	メタン CH_4	酸素 O_2
質量(g)	16	32
分子の個数(個)	6.0×10^{23}	A
気体の体積(L)	B	22.4
物質量(mol)	C	1.0

	A	B	C
①	6.0×10^{23}	11.2	1.0
②	6.0×10^{23}	22.4	1.0
③	1.2×10^{24}	22.4	1.0
④	6.0×10^{23}	22.4	0.50
⑤	1.2×10^{24}	11.2	0.50

問3 次の文は質量パーセント濃度8.5％の硝酸ナトリウム水溶液1.0Lに含まれる硝酸ナトリウムの質量を求める計算手順を述べている。文中の（ A ）に当てはまる語句として正しいものはどれか。下の①～⑤のうちから一つ選べ。ただし，水溶液の密度を1.1g/mLとする。解答番号は 15 。

・この水溶液1.0L（＝1000mL）の質量は「密度×体積」より1100gとなる。

・この水溶液1100gの8.5％が（ A ）なので，溶けている硝酸ナトリウムの質量を計算すると93.5gとなり，有効数字二桁で表すと94gになる。

① 溶媒　　　② 溶液　　　③ 密度　　　④ 溶質　　　⑤ 体積

問4 イオンを含む化学反応式として正しいものはどれか。次の①～⑤のうちから一つ選べ。解答番号は 16 。

① $Cu + Ag^+ \longrightarrow Cu^{2+} + Ag$

② $2Cu + 2Ag^+ \longrightarrow 2Cu^{2+} + 2Ag$

③ $2Cu + 2Ag^+ \longrightarrow Cu^{2+} + Ag$

④ $2Cu + Ag^+ \longrightarrow 2Cu^{2+} + Ag$

⑤ $Cu + 2Ag^+ \longrightarrow Cu^{2+} + 2Ag$

5 化学反応について, **問1〜問4**に答えよ。

問1 次の文章は, 酸と塩基の定義について述べたものである。(A)〜(C)に当てはまる語句の組合せとして正しいものはどれか。下の①〜⑤のうちから一つ選べ。
解答番号は 17 。

アレニウスは「酸とは, 水に溶けて(A)を生じる物質であり, 塩基とは, 水に溶けて(B)を生じる物質である。」と定義した。一方, 水溶液中でなくても, 酸と塩基が反応する場合がある。そこで, ブレンステッドとローリーは, 水溶液以外の反応でも酸や塩基について説明できるように定義を拡張し, 「酸とは, (A)を与える分子やイオン, 塩基とは, (A)を受け取る分子やイオンである。」とした。後者の定義では, 次の反応式の下線部の水分子は, アンモニア分子に(A)を与えているので, (C)としてはたらいている。

$$NH_3 + \underline{H_2O} \rightleftharpoons NH_4^+ + OH^-$$

	A	B	C
①	水素イオン H⁺	水素イオン H⁺	酸
②	水酸化物イオン OH⁻	水素イオン H⁺	酸
③	水素イオン H⁺	水酸化物イオン OH⁻	酸
④	水酸化物イオン OH⁻	水素イオン H⁺	塩基
⑤	水素イオン H⁺	水酸化物イオン OH⁻	塩基

問2 次のA〜Cの水溶液を pH の小さい順に並べたとき, 正しいものはどれか。下の①〜⑤のうちから一つ選べ。解答番号は 18 。

A　0.10 mol/L　塩酸 HCl　　　　　　　　　　（電離度 1.0）

B　0.10 mol/L　酢酸 CH₃COOH 水溶液　　　　（電離度 0.010）

C　0.10 mol/L　水酸化ナトリウム NaOH 水溶液　（電離度 1.0）

① A < B < C 　　　② A < C < B 　　　③ B < A < C

④ C < A < B 　　　⑤ C < B < A

問 3　次の化学反応式について，反応の前後で酸化されている原子と還元されている原子の組合せとして正しいものはどれか。下の①～⑤のうちから一つ選べ。解答番号は　19　。

$$SO_2 + Cl_2 + 2\,H_2O \longrightarrow H_2SO_4 + 2\,HCl$$

	酸化されている原子	還元されている原子
①	H	Cl
②	S	Cl
③	Cl	H
④	Cl	S
⑤	S	H

問 4　A～Cの３種類の金属について，表面をみがいた小片を塩化ナトリウム水溶液で湿らせた ろ紙の上に置き，任意の２種類を選んで次の図のように検流計につないで測定したところ， 下のような結果を得た。A～Cのイオン化傾向の大小の関係として適切なものはどれか。下 の①～⑤のうちから一つ選べ。解答番号は　20　。

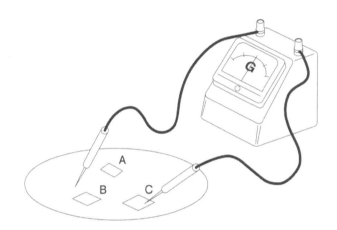

【実験結果】

　　AとBでは，電流がAからBへ流れ，Aが正極となった。

　　BとCでは，電流がCからBへ流れ，Cが正極となった。

　　AとCでは，電流がCからAへ流れ，Cが正極となった。

① A ＞ B ＞ C

② A ＞ C ＞ B

③ B ＞ A ＞ C

④ B ＞ C ＞ A

⑤ C ＞ A ＞ B

令和5年度 第2回

解答・解説

令和5年度 第2回 高卒認定試験

【 解 答 】

1	解答番号	正答	配点	2	解答番号	正答	配点	3	解答番号	正答	配点	4	解答番号	正答	配点	5	解答番号	正答	配点
問1	1	①	5	問1	5	①	5	問1	9	①	5	問1	13	④	5	問1	17	③	5
問2	2	④	5	問2	6	⑤	5	問2	10	②	5	問2	14	②	5	問2	18	①	5
問3	3	④	5	問3	7	③	5	問3	11	⑤	5	問3	15	④	5	問3	19	②	5
問4	4	③	5	問4	8	⑤	5	問4	12	②	5	問4	16	⑤	5	問4	20	③	5

【 解 説 】

1

問1　アルミニウムはボーキサイトという鉱石を原料とした金属で、非常に軽くて錆びにくく、強度が高い性質を持っており、溶融氷晶石の中で電気分解することにより製造されます。銅は高い電気伝導率や熱伝導性を持っており、独特の美しい色彩（赤色の光沢）をしており電線などに利用されています。また、鉄は最も多く利用されている金属で、強度が高く、耐久性があり、加熱すると加工しやすい性質を持っており、建築や機械、自動車など幅広く利用されています。したがって、金属の組合せとして最も適当なものは①となります。

解答番号【1】：①　　⇒ **重要度B**

問2　お茶の葉などの固体や混合物に溶媒（ここでは熱湯）を加えて、目的である成分を取り出すことを抽出といい、お茶の葉と成分が含まれる溶液をろ紙などを使って固体と液体に分離することをろ過といいます。したがって、語句の組み合わせとして正しいものは④となります。なお、蒸留とは各成分の沸点の差を利用して混合物の成分を分離することで、昇華とは固体が直接気体へと変化することをいいます。

解答番号【2】：④　　⇒ **重要度B**

問3　炎色反応によって、その色から物質に含まれている元素が何であるかを判断することができます。

リチウム(Li)…赤色、ナトリウム(Na)…黄色、カリウム(K)…紫色、銅(Cu)…青緑色、バリウム(Ba)…黄緑色、カルシウム(Ca)…橙色、ストロンチウム(Sr)…紅色 です。よって、Aは炎が黄色になったことからナトリウムが含まれていることが分かります。また、硝酸銀水溶液 $AgNO_3$ に塩素 Cl_2 を加えると水に溶けにくい白色の沈殿物である $AgCl$（塩化銀）が生じます。したがって、元素名の組合せとして最も適当なものは④となります。

解答番号【3】：④　　⇒ **重要度A**

問4　物質の状態変化には、固体と気体との状態変化である昇華と凝華、液体と気体との状態
　　変化である蒸発と凝縮、固体と液体との状態変化である凝固と融解があります。各選択肢
　　の日常生活における現象は、①は蒸発、②は凝縮、③は融解、④は凝固、⑤は昇華（ブリー
　　ド現象）となります。したがって、組合せとして正しいものは③となります。

解答番号【4】：③　　　⇒ **重要度A**

2

問1　すべて原子の中心には原子核が存在し、正の電荷を持つ陽子と電荷を持たない中性子があ
　　ります。また、原子番号＝陽子の数で、質量数は陽子の数と中性子の数の和となります。元
　　素記号の左上の数値は質量数を表し、左下は原子番号を表しているので、水素Hの場合、
　　質量数1、原子番号1で、陽子の数は1となり、質量数－陽子の数から中性子の数は0とな
　　ります。したがって、正しいものは①となります。

解答番号【5】：①　　　⇒ **重要度A**

問2　元素記号の左上の数値は質量数を表し、左下は原子番号を表しています。また原子番号＝
　　陽子の数＝電子の数で、質量数は陽子の数と中性子の数の和です。電子の数が等しいのはア
　　とイ、質量数が等しいのはエとオ、中性子の数が等しいのはイとウ、原子番号が陽子の数
　　なのでアとイは同じ数、中性子が最も多いのは中性子の数21のエ（40 － 19 ＝ 21）。
　　　したがって、正しいものは⑤となります。

解答番号【6】：⑤　　　⇒ **重要度B**

問3　電子は原子核の周囲にK殻、L殻、M殻という層が順に存在し、K殻から順に2個、
　　L殻に8個、M殻に18個とそれぞれ電子配置されます。最外殻に最大数の電子が配置さ
　　れた殻を閉殻といい、最も安定な電子配置となります。したがって、安定した電子配置は
　　L殻に8個の最大数の電子が配置された③となります。

解答番号【7】：③　　　⇒ **重要度A**

問4　ア～オの元素は、アはLi（リチウム）、イはNa（ナトリウム）、ウはMg（マグネシウム）、
　　エはF（フッ素）、オはAr（アルゴン）です。
　　　アルゴンは他の物質と反応しない特性をもっています。リチウムとナトリウムはともに
　　固体です。遷移元素とは3族から11族に属する元素をいい、問題の元素周期表には記載
　　されていません。陽イオンになりやすい元素は1族の元素、2族の元素、そして遷移元素
　　（3族から11族）となり、フッ素は異なります。元素の周期表は縦の列が「族」で、同じ
　　族に属する元素は、最外殻電子数が同じであることから化学的な性質がよく似ています。
　　　したがって記述として正しいものは⑤となります。

解答番号【8】：⑤　　　⇒ **重要度A**

3

問1　不対電子とは、最外殻に位置するペア（対）になっていない電子のこといい、塩素原子
　　Clの電子配置図からペアにならない電子が1個あることは分かります。2個の塩素原子

は双方の最外殻の M 殻の電子を共有することで結合し、塩素分子 Cl_2 をつくるので、M
殻 8 個の Ar(アルゴン) と同じ安定した電子配置となります。したがって、組合せとして
正しいものは①となります。

解答番号【9】：①　　⇒ 重要度A

問2　共有している原子の間で、電荷の偏りを極性といい、原子間の電気陰性度の差によって
生じます。ただし同じ原子が共有結合している二原子分子 H_2 や O_2、また Cl_2 などは同じ
原子どうしの共有結合となるので電気陰性度の差がなく極性はありません。したがって、
組合せとして正しいものは②となります。

解答番号【10】：②　　⇒ 重要度A

問3　ケイ素は天然に存在しない非金属で、共有結合結晶の固体です。また二酸化ケイ素はケ
イ素の酸化物で、水晶や石英などとして天然に存在し、ケイ素の単体と同様に共有結合結
晶の固体です。したがって、正しいものは⑤となります。

解答番号【11】：⑤　　⇒ 重要度A

問4　多くの原子が共有結合で結びつき、巨大な分子となる化合物を高分子化合物といい、石
油などを原料として人工的に作られたポリエチレンや合成繊維などがそれにあたります。
したがって、組合せとして正しいのは②となります。

解答番号【12】：②　　⇒ 重要度A

4

問1　原子量は、質量数 12 の炭素原子 1 個の質量を基準にして、他の原子の質量を相対的に
求めます。また元素には、互いに質量数が異なる同位体が存在しているため、同位体につ
いてはそれぞれの存在割合を考慮して、平均の相対質量をその原子の原子量としています。
よって、①の存在比の大きいものの相対質量を用いるのは誤りとなります。②の原子量、
分子量、式量には単位がありません。よって、誤りとなります。③のナトリウムイオン
Na^+ はナトリウム原子 Na から電子を 1 個放出したものとなり、式量が原子量より大きく
なることはありません。また、電子の質量は、陽子の質量の約 1/1840 と非常に小さく、
ほとんど質量に影響を与えません。よって、誤りとなります。④の分子量は、分子式を構
成する各元素の原子量の総和で求められます。よって、④は正しいものとなります。⑤の
金属のように組成式で表される単体の式量の値も原子の原子量の総和によって求められる
ことから、誤りとなります。したがって、記述として正しいものは④となります。

解答番号【13】：④　　⇒ 重要度B

問2　メタン CH_4 の分子量は $12 + 1 \times 4 = 16$ であるので、メタンの物質量(モル質量)
は 1mol あたり 16 g (16 g/mol) となります。また酸素 O_2 の分子量は $16 \times 2 = 32$
で、酸素の物質量(モル質量)は 1mol あたり 32g となります。また、アボガドロの法則
で、気体の体積は気体の種類に関係なく、0℃、1 気圧 $(1.0 \times 10^5 pa)$ で、1mol の体積は
22.4L(リットル)となります。そして、アボガドロ数 $(6.0 \times 10^{23}/mol)$ は物質量 1 モル(mol)
に含まれる原子あるいは分子の個数です。本問ではメタン CH_4 も酸素 O_2 もともに 1mol

であることから気体の体積は 22.4L、分子の個数は 6.0×10^{23}/mol となります。したがって、数値の組合せとして正しいものは②となります。

解答番号【14】：② ⇒ **重要度A**

問3 本問は用語の問題で、「溶質」とは、溶液中に溶けている成分のこととをいい、溶質が「溶媒」に溶けることを「溶解」、そして溶解した後の液体のことを「溶液」といいます。ここでは水溶液に溶けている硝酸ナトリウムを指しているので、溶質となります。したがって、正しいものは④となります。ちなみに、質量パーセント濃度とは、溶液の質量に対する溶質の質量の割合を％で表したもので、溶質の質量(g)÷溶液の質量(g)×100 で求められます。この水溶液の質量は 1100 g で質量パーセント濃度は 8.5％ですから、溶質の質量は 1100g × 8.5％で 93.5 g となります。

解答番号【15】：④ ⇒ **重要度B**

問4 イオンを含む化学反応式は反応に関与するイオンをイオン式で表し、反応しないイオンを省略します。ここでは銅は銀よりイオン化傾向が大きいので、銅は溶け出して銅イオンになり、銀は反応しません。したがって化学反応式の左辺（反応前）は、銀 Ag のイオンはプラスが1個で、電子を1個放出した状態の銀 Ag が2つあります。反応後は銅 Cu のイオンは電子を2個放出して銅イオンとなり、2つの銀 Ag^+ が電子を1個ずつ受け入れて安定します。よって、$Cu + 2Ag^+ \rightarrow Cu^{2+} + 2Ag$ となります。
　　　したがって、化学反応式として正しいものは⑤となります。

解答番号【16】：⑤ ⇒ **重要度B**

5

問1 スウェーデンの化学者であるアレニウスは、水に溶けた水溶液中で水素イオン H^+ を放出する物質は酸であり、水酸化物イオン OH^- を放出する物質は塩基であると定義しました。しかし水溶液中でなくても、酸と塩基が反応する場合があることから、ブレンステッドとローリーは、酸とは相手に H^+ を与える分子やイオンをいい、塩基とは相手から H^+ を受け取る分子やイオンであると定義しました。よって（A）には水素イオン H^+ が入り、（B）には水酸化物イオン OH^- が入ります。そして、与えられた化学式 $NH_3 + H_2O \Leftrightarrow NH_4^+ + OH^-$ から水分子である H_2O から H^+ が放出され OH^- となり、放出された H^+ はアンモニア分子 NH_3 に与え NH_4^+ となっているので、水分子である H_2O が酸としてはたらき、アンモニア分子である NH_3 が塩基としてはたらいているので、（C）には酸は入ります。したがって、語句の組合せとして正しいものは③となります。

解答番号【17】：③ ⇒ **重要度C**

問2 水溶液中の水素イオン指数 pH を求め、その大きさを比較する問題です。
　　　水素イオン指数である pH は、水素イオン濃度 $[H^+] = 1.0 \times 10^{-n}$ mol/L の指数 n より pH=n が求められます。また、水素イオン濃度 $[H^+]$ は、モル濃度×電離度×酸の価数で求められ、水酸化物イオン濃度 $[OH^-]$ はモル濃度×電離度×塩基の価数で求められます。
　　　Aは 0.10mol/L の塩酸 HCl(H^+ の1価)で電離度 1.0 ですので、
　　　$[H^+] = 0.1$mol/L $\times 1.0 \times 1$ 価→$[H^+] = 1.0 \times 10^{-1}$ → pH1

Bは 0.10mol/ Lの酢酸 CH_3COOH(H^+の 1 価)で電離度 0.010 ですので、
　　　　$[H^+]$ = 0.1mol/L × 0.010 × 1 価→ $[H^+]$ = $1.0 × 10^{-3}$ → pH3
　　　　Cは 0.10mol/ Lの水酸化ナトリウム水溶液 NaOH(OH^-の 1 価)で電離度 1.0 の塩基
　　　　$[OH^-]$ = 0.1mol/L × 1.0 × 1 価→ $[OH^-]$ = $1.0 × 10^{-1}$
　　　　水のイオン積の公式である $[H^+][OH^-]$ = $1.0 × 10^{-14}$ を利用して、
　　　　$[H^+]$ × $[1.0 × 10^{-1}]$ = $1.0 × 10^{-14}$ → $[H^+]$ = $1.0 × 10^{-13}$ → pH13
　　　　したがって正しいものは①となります。

　　解答番号【18】：①　　⇒ 重要度C

問3　酸化還元反応には酸素の授受により物質が酸素を受取る場合を酸化といい、物質が酸素
　　を失う変化を還元といいます。また、水素の授受により物質が水素を失う変化を酸化、物
　　質が水素を受取る変化を還元、そして電子を失う変化を酸化、電子を受取る変化を還元と
　　いいます。その他、酸化数の増減でも判断することができます。
　　　本問の化学反応式より、硫黄Sは酸素の授受による判断ができ、酸素Oをさらに受取っ
　　ていることから硫黄Sは酸化された原子となります。次に塩素Clをみると、Cl_2は 2HCl
　　と変化し、水素を受取っていることから塩素Clは還元された原子となります。また、酸
　　化数の増減で判断すると、硫黄Sは＋4から＋6に増加し、塩素Clは0から－1に減少
　　して、他の原子に増減はありません。よって、硫黄Sは酸化され、塩素Clは還元された
　　原子と判断できます。
　　　したがって、組合せとして正しいものは②となります。

　　解答番号【19】：②　　⇒ 重要度A

問4　イオン化傾向とは、金属が水溶液などで陽イオンになろうとする傾向を表すもので、金
　　属元素によって異なります。
　　　イオン化傾向が高い金属は電子を放出する能力が高く（－）負極となり、逆にイオン化
　　傾向が小さい金属が（＋）正極となります。
　　　実験結果を確認すると、AとBでは電流がAからBへ流れ、Aが正極となったのでB＞
　　Aとなり、Aの方Bよりイオン化傾向が小さいことが分かります。
　　　次にBとCでは電流がCからBへ流れ、Cが正極となったのでB＞Cとなり、Cの
　　方がBよりイオン化傾向が小さいことが分かります。最後にAとCでは電流がCからA
　　へ流れ、Cが正極となったのでA＞Cとなり、Cは一番イオン化傾向が小さいことが分
　　かります。
　　　したがって、B＞A＞Cとなり、イオン化傾向の大小の関係として適切なものは③と
　　なります。

　　解答番号【20】：③　　⇒ 重要度C

令和5年度 第1回
高卒認定試験

化学基礎

解答時間　50 分

化 学 基 礎

$\left(\text{解答番号}\ \boxed{1}\ \sim\ \boxed{20}\right)$

$\boxed{1}$ 化学と人間生活について，問1～問4に答えよ。

問1 次の花子先生と太郎さんの会話中の（ A ），（ B ）に当てはまる語句の組合せとして正しいものはどれか。下の①～⑤のうちから一つ選べ。解答番号は $\boxed{1}$ 。

太郎さん：「先生。この間，ニュースを見ていたらプラスチックのポリエチレンテレフタラート（PET）を（ A ）であるテレフタル酸とエチレングリコールに戻すことができる反応を開発したということを日本の大学などの研究グループが発表していましたけれど，本当ですか。」

花子先生：「それは本当です。PET は，多くのテレフタル酸と多くのエチレングリコールが交互に結合することでできた（ B ）で，ペットボトルや繊維，食器，自動車部品などに広く使われているプラスチックです。（ B ）であるプラスチックを（ A ）に戻すことができることは大変重要なことです。」

太郎さん：「どのようなところで重要なことになるんですか。」

花子先生：「プラスチックのリサイクルにおいて，廃棄や回収されるプラスチックを再利用することにはまだ多くの問題点があります。今回の研究成果はプラスチックを原料に戻すことができることにつながり，新しい製品を作りやすくなるなど，メリットが多くあります。このことは，二酸化炭素 CO_2 を出す焼却処理をせずに効率的なリサイクルが可能となることにもつながるからです。」

太郎さん：「そうなんですね。この研究成果がプラスチックのリサイクル問題への解決の一つになるといいですね。」

	A	B
①	重合体（ポリマー）	高分子化合物
②	単量体（モノマー）	無機化合物
③	単量体（モノマー）	混合物
④	単量体（モノマー）	高分子化合物
⑤	重合体（ポリマー）	無機化合物

問 2 　次の図は，試験管に 5 mL の水を入れ，さらに 2 mL のエタノールを静かに加えた直後の
　　　状態と，そのまま 1 日放置した後の状態を示したものである。このとき起きている変化を示
　　　す語句として最も適するものはどれか。下の①～⑤のうちから一つ選べ。
　　　解答番号は　 2 　。

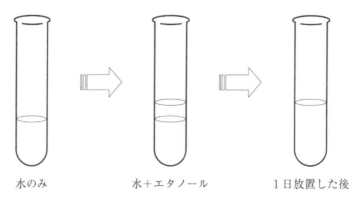

　　　　　水のみ　　　　　　水＋エタノール　　　　　1 日放置した後

　　①　昇華　　　　②　溶解　　　　③　沈殿　　　　④　分離　　　　⑤　凝固

問3 花火の色は,金属元素がもつ特有の炎色反応を利用したものである。そこで,手持ち花火を次のア～エの順に作り,花火の先端に点火して観察を行った。このとき観察される炎の色の順番として正しいものはどれか。下の①～⑤のうちから一つ選べ。解答番号は │ 3 │ 。

ア 花火の炎の色を変えるために,金属元素としてナトリウム Na,ストロンチウム Sr,バリウム Ba をそれぞれ含む3種類の火薬を準備した。

イ 手持ち部分の竹ひごと花火の火薬を入れる細長い和紙を作成した。

ウ 次の図のように和紙と竹ひごを接着し,細長い和紙の上に手持ち部分に近いところから順に,硝酸ナトリウムを含む火薬,硝酸ストロンチウムを含む火薬,硝酸バリウムを含む火薬を置いた。

エ 和紙を巻きながら手持ち花火を作成した。

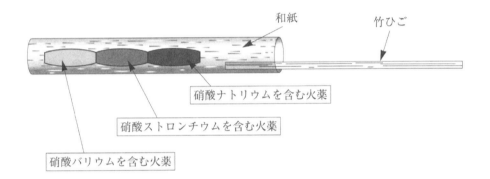

① 黄緑色 ⇒ 紅(深赤)色 ⇒ 黄色
② 黄緑色 ⇒ 黄色 ⇒ 紅(深赤)色
③ 紅(深赤)色 ⇒ 黄緑色 ⇒ 黄色
④ 紅(深赤)色 ⇒ 黄色 ⇒ 黄緑色
⑤ 黄色 ⇒ 黄緑色 ⇒ 紅(深赤)色

問 4 同じ元素からできている単体で性質の異なるものどうしを同素体という。次の**ア～オ**の物質の中で同素体の関係であるものの組合せとして正しいものはどれか。下の**①～⑤**のうちから一つ選べ。解答番号は $\boxed{4}$ 。

ア ダイヤモンド

イ 黒鉛

ウ 黄リン

エ 斜方硫黄

オ オゾン

① アとイ　　② アとウ　　③ イとウ　　④ イとエ　　⑤ ウとオ

2 物質の構成粒子について，問1〜問4に答えよ。

問1 次の表は水素の同位体を表したものである。（ A ），（ B ）に適する数値と語句の組合せとして正しいものはどれか。下の①〜⑤のうちから一つ選べ。解答番号は 5 。

	^1_1H	^2_1H	^3_1H
原子番号	1	1	1
中性子の数	（ A ）	1	2
（ B ）	1	2	3

	A	B
①	0	電子の数
②	1	電子の数
③	0	質量数
④	1	質量数
⑤	2	質量数

問 2　半減期とは放射性同位体の量が半分に減少するまでの時間をいう。次の模式図は半減期が3年である放射性同位体の割合と経過年数を表している。放射性同位体の割合が60年後に4分の1になる**放射性同位体**と**半減期**の組合せとして正しいものはどれか。下の①〜⑤のうちから一つ選べ。解答番号は　6　。

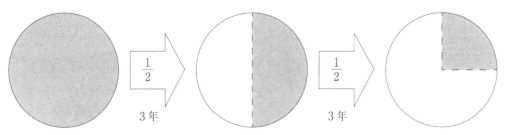

半減期により放射性同位体の割合が減少することを表す模式図

	放射性同位体	半減期
①	^{131}I	8 日
②	^{137}Cs	30 年
③	^{226}Ra	1600 年
④	^{14}C	5730 年
⑤	^{239}Pu	24000 年

問 3 $^{7}_{3}$Li の原子の構造を模式的に表しているものとして正しいものはどれか。次の①〜⑤のうちから一つ選べ。解答番号は 7 。

①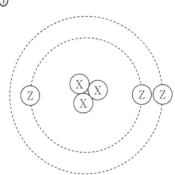

②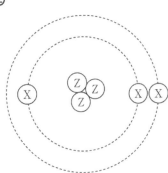

③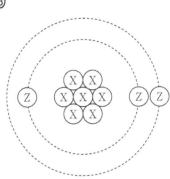

④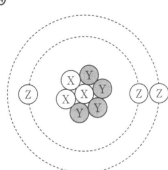

⑤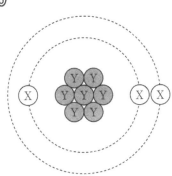

Ⓧ 陽子

Ⓨ 中性子

Ⓩ 電子

問 4 横軸を原子番号としたとき，縦軸が価電子の数を表しているグラフとして正しいものはどれか。次の①〜⑤のうちから一つ選べ。解答番号は　8　。

①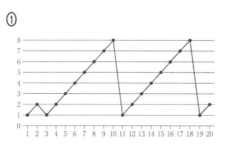

②

③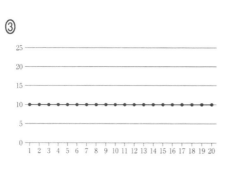

④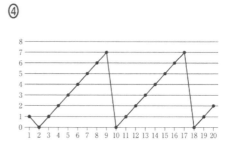

⑤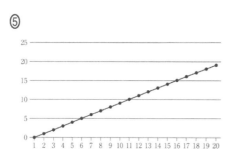

3　物質と化学結合について，問1〜問4に答えよ。

問1　ある原子 X は電子を 2 個失い，2 価の陽イオンになる。この陽イオンの電子配置が貴ガス（希ガス）のネオン原子 $_{10}Ne$ と同じになる原子 X として正しいものはどれか。次の①〜⑤のうちから一つ選べ。解答番号は　9　。

① $_9F$　　　② $_{11}Na$　　　③ $_{12}Mg$　　　④ $_{13}Al$　　　⑤ $_{16}S$

問2　ナトリウムイオン Na^+ と酸化物イオン O^{2-}，鉄（Ⅱ）イオン Fe^{2+} と酸化物イオン O^{2-} からなる金属酸化物の組成式の組合せとして正しいものはどれか。次の①〜⑤のうちから一つ選べ。解答番号は　10　。

	酸化ナトリウム	酸化鉄（Ⅱ）
①	NaO	Fe_2O
②	NaO	FeO
③	NaO_2	Fe_2O
④	Na_2O	FeO_2
⑤	Na_2O	FeO

問 3　次の図は，水 H_2O 分子の形を模式的に表したものである。分子の形が，水分子と同じ折れ線形となる分子はどれか。下の①～⑤のうちから一つ選べ。解答番号は　11　。

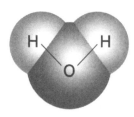

水分子の形

① H_2　　　　② H_2S　　　　③ NH_3　　　　④ CH_4　　　　⑤ CO_2

問 4　次の表は**物質A**と**物質B**の状態がそれぞれ固体および液体のときの電気伝導性をまとめたものである。**物質A**，**物質B**として考えられる組合せとして正しいものはどれか。下の①～⑤のうちから一つ選べ。解答番号は　12　。

物質A	物質B
固体：電気伝導性あり	固体：電気伝導性なし
液体：電気伝導性あり	液体：電気伝導性あり

	物質A	物質B
①	塩化ナトリウム	銅
②	塩化ナトリウム	鉄
③	銅	鉄
④	鉄	銅
⑤	鉄	塩化ナトリウム

4 物質量と化学反応式について，問1～問4に答えよ。

問1 相対質量を理解するために身近な硬貨の質量で考えてみることにした。50円硬貨，100円硬貨，500円硬貨の質量を調べたところ，50円硬貨は4.0 g，100円硬貨は4.8 g，500円硬貨は7.0 gであった。50円硬貨の質量を1としたとき100円硬貨と500円硬貨の相対質量として最も適当なものはどれか。次の①～⑤のうちから一つ選べ。解答番号は 13 。

	100円硬貨	500円硬貨
①	0.83	0.57
②	0.83	1.75
③	1.20	0.57
④	1.20	1.75
⑤	1.20	3.50

問2 酸化銅(I)Cu_2Oに含まれる銅と酸素の質量比(Cu：O)として正しいものはどれか。次の①～⑤のうちから一つ選べ。ただし，原子量はCu = 64，O = 16とする。解答番号は 14 。

① 2：1　　② 4：1　　③ 8：1　　④ 16：1　　⑤ 256：1

問3 水酸化ナトリウム NaOH 20 gを水に溶かして500 mLの水溶液を作った。この水溶液のモル濃度として最も適当なものはどれか。次の①～⑤のうちから一つ選べ。ただし，式量はNaOH = 40とする。解答番号は 15 。

① 1.0 mol/L

② 2.0 mol/L

③ 3.0 mol/L

④ 4.0 mol/L

⑤ 5.0 mol/L

問 4 マグネシウム(マグネシウムリボン)と塩酸を反応させて発生する水素を捕集するため，次のガラス器具を用いて実験を行った。下の**A〜C**に適する語句の組合せとして正しいものはどれか。下の①〜⑤のうちから一つ選べ。解答番号は 16 。

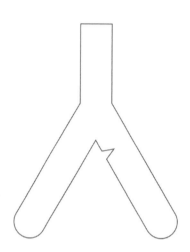

A　ガラス器具の名前

B　最初にガラス器具のくぼみがある側(右側)に入れる物質

C　発生する水素の捕集方法

	A	B	C
①	ふたまた試験管	塩酸	水上置換法
②	リービッヒ冷却器	塩酸	下方置換法
③	リービッヒ冷却器	マグネシウム	水上置換法
④	ふたまた試験管	マグネシウム	下方置換法
⑤	ふたまた試験管	マグネシウム	水上置換法

5 化学反応について，問1〜問4に答えよ。

問1 次の化学反応のうち，ブレンステッド・ローリーの定義によると下線部の物質が酸としてはたらいているものはどれか。次の①〜⑤のうちから一つ選べ。ただし，酸とは水素イオン H^+ を他に与える物質のことをいう。解答番号は 17 。

① $H_2CO_3 + \underline{H_2O} \rightleftharpoons HCO_3^- + H_3O^+$

② $CH_3COOH + \underline{H_2O} \rightleftharpoons CH_3COO^- + H_3O^+$

③ $HNO_3 + \underline{H_2O} \longrightarrow NO_3^- + H_3O^+$

④ $HCl + \underline{H_2O} \longrightarrow Cl^- + H_3O^+$

⑤ $NH_3 + \underline{HCl} \longrightarrow NH_4^+ + Cl^-$

問2 0.10 mol/L 水酸化ナトリウム NaOH 水溶液 20 mL に 0.20 mol/L 塩酸 HCl 10 mL を混ぜ合わせてできる混合溶液に関する記述として適当なものはどれか。次の①〜⑤のうちから一つ選べ。解答番号は 18 。

① 過不足なく中和して，溶液は酸性になる。

② 過不足なく中和して，溶液は中性になる。

③ 過不足なく中和して，溶液は塩基性になる。

④ 中和せず，溶液は酸性になる。

⑤ 中和せず，溶液は塩基性になる。

問3 次の化学反応のうち，酸化還元反応であるものはどれか。次の①〜⑤のうちから一つ選べ。解答番号は 19 。

① $HCl + NaOH \longrightarrow H_2O + NaCl$

② $2HCl + Ca(OH)_2 \longrightarrow 2H_2O + CaCl_2$

③ $2Mg + O_2 \longrightarrow 2MgO$

④ $CH_3COOH + NaOH \longrightarrow H_2O + CH_3COONa$

⑤ $H_2SO_4 + Ba(OH)_2 \longrightarrow 2H_2O + BaSO_4$

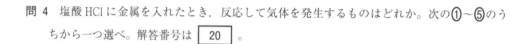

問 4　塩酸 HCl に金属を入れたとき，反応して気体を発生するものはどれか。次の①～⑤のうちから一つ選べ。解答番号は　20　。

① 亜鉛 Zn

② 銅 Cu

③ 銀 Ag

④ 白金 Pt

⑤ 金 Au

※金属のイオン化列

Li＞K＞Ca＞Na＞Mg＞Al＞Zn＞Fe＞Ni＞Sn＞Pb＞(H_2)＞Cu＞Hg＞Ag＞Pt＞Au

令和5年度 第1回

解答・解説

令和5年度 第1回 高卒認定試験

【 解 答 】

1	解答番号	正答	配点	2	解答番号	正答	配点	3	解答番号	正答	配点	4	解答番号	正答	配点	5	解答番号	正答	配点
問1	1	④	5	問1	5	③	5	問1	9	③	5	問1	13	④	5	問1	17	⑤	5
問2	2	②	5	問2	6	②	5	問2	10	⑤	5	問2	14	③	5	問2	18	②	5
問3	3	①	5	問3	7	④	5	問3	11	②	5	問3	15	①	5	問3	19	③	5
問4	4	①	5	問4	8	④	5	問4	12	⑤	5	問4	16	⑤	5	問4	20	①	5

【 解 説 】

1

問1　ポリエチレンテレフタラート(PET)は、石油からつくられるテレフタル酸とエチレングリコールを原料にして、結合させて作られた高分子化合物です。ペットボトルやフィルム、食器、自動車部品などに広く使われており、これを繊維化したものが化学繊維のポリエステルとなります。現在、プラスチックのリサイクルは、廃棄や回収されるプラスチックを再利用するために熱分解して、分解油を製造する廃プラ油化を行っていますが、二酸化炭素(CO_2)の排出など、まだまだ多くの問題点を抱えており、近年日本の研究グループにより、ポリエチレンテレフタラート(PET)を分解する細菌の酵素がつくられ、重合体(ポリマー)のPETを構成する最小の単位である単量体(モノマー)のテレフタル酸とエチレングリコールに分解され、リサイクルに応用できると考えられています。よって(A)には単量体(モノマー)が入り、(B)には高分子化合物が入ります。したがって組合せとして正しいものは④となります。

解答番号【1】：④　⇒ **重要度A**

問2　エタノールは常温で無色透明な液体で、水によく溶け込んでいきます。この水に溶け込んでいくことを溶解といいます。したがって、最も適するものは②となります。

　　なお、昇華は固体から直接気体になること、沈殿は生成物が底に沈んで溜まること、分離は分かれること、凝固は液体が固体になることをいいます。

解答番号【2】：②　⇒ **重要度A**

問3　金属元素がもつ特有の炎色反応は、リチウム(Li)…赤色、ナトリウム(Na)…黄色、カリウム(K)…紫色、銅(Cu)…青緑色、バリウム(Ba)…黄緑色、カルシウム(Ca)…橙色、ストロンチウム(Sr)…紅色となります。

　　よって、花火の先端に点火すると硝酸バリウム(黄緑色)、硝酸ストロンチウム(紅色)、硝酸ナトリウム(黄色)の順に燃えます。したがって、正しいものは①となります。

解答番号【3】：①　⇒ **重要度B**

問4　同素体とは、同じ元素からできていて、原子の配列、結合の仕方が異なるため、性質が
　　　異なる単体が2種以上存在するものどうしをいいます。具体的にはダイヤモンドと石墨、
　　　酸素とオゾン、黄リンと赤リン、斜方硫黄と単斜硫黄などが挙げられます。
　　　　したがって、組合せとして正しいのは①となります。

解答番号【4】：①　　⇒ **重要度A**

2

問1　水素には軽水素(通常の水素)、重水素、三重水素の3つ
　　　の同位体があります。元素記号の左上の数値は質量数を表し、
　　　左下は原子番号を表しており、原子番号＝陽子の数＝電子の
　　　数、質量数は陽子の数と中性子の数の和となります。

質量数　…1
原子番号…1 H
元素記号

　　　　表より原子番号と中性子の数の合計が(B)の値となってい
　　　ることが分かります。原子番号＝陽子の数ですから、(B)は、陽子の数と中性子の数の
　　　和である質量数となります。(A)の中性子の数は、質量数1から陽子の数(原子番号)1
　　　を引いた0となります。したがって、組合せとして正しいのは③となります。

解答番号【5】：③　　⇒ **重要度A**

問2　放射性同位体とは、原子番号が等しく質量数が異なる元素のうち、放射能を持つものを
　　　いい、半減期とは放射性物資から放射される放射能の量が元の半分に減少するまでの時間
　　　をいいます。放射性同位体から放射される放射能の量の割合が60年後に4分の1になる
　　　放射性同位体であるためには、まず30年で2分の1になり、その後30年で、その半分
　　　の4分の1になる必要があります。したがって、組合せとして正しいものは②となります。

解答番号【6】：②　　⇒ **重要度A**

質量数　…7
原子番号…3 Li

問3　原子番号＝陽子の数＝電子の数、質量数は陽子の数と中性
　　　子の数との和であることから、リチウムの陽子の数は3、中
　　　性子の数は、質量数7－陽子の数3で4なり、電子の数は陽
　　　子の数を同数で3となります。したがって、正しいものは④
　　　となります。

解答番号【7】：④　　⇒ **重要度A**

問4　価電子とは、最外殻にある電子をいいます。K殻は2個で閉殻し安定します。L殻は1
　　　から7個が価電子で、8個目で閉殻し安定します。また、閉殻とは価電子の数が0個と
　　　なる状態を言います。与えられたグラフからK殻2個の電子の数で閉殻し、L殻8個の
　　　電子の数で閉殻しているものを選べばよいこととなります。したがって、グラフとして正
　　　しいのは④となります。

解答番号【8】：④　　⇒ **重要度A**

3

問1　貴ガス(希ガス)であるネオン原子Ne(原子番号10)の電子配置は、K殻に2個、L殻

に8個です。よって、最外殻の価電子2個を失って、電子配置がネオン原子 Ne を同じになる原子は 12 個の電子の数を持つ原子であることが分かります。

　　原子番号は電子の数ですので原子番号 12 の Mg となります。したがって正しいものは③となります。

　　解答番号【9】：③　　⇒ 重要度A

問2　一価のナトリウムイオン Na^+ と二価の酸化物イオン O^{2-} のイオン結合はナトリウムイオン Na^+ 2個と酸化物イオン O^{2-} 1個が必要となるので、化学反応式は、$2Na^+ + O^{2-} \rightarrow Na_2O$ となります。また、二価の鉄（Ⅱ）イオン Fe^{2+} と二価の酸化物イオン O^{2-} のイオン結合は鉄（Ⅱ）イオン Fe^{2+} 1個と酸化物イオン O^{2-} 1個が必要となるので、化学反応式は、$Fe^{2+} + O^{2-} \rightarrow FeO$ となります。したがって、組成式の組合せとして正しいものは⑤となります。

　　解答番号【10】：⑤　　⇒ 重要度B

問3　分子の形には、水素（H_2）や二酸化炭素（CO_2）などの直線形、水（H_2O）や硫化水素（H_2S）などの折れ線形、アンモニア（NH_3）などの三角すい形、メタン（CH_4）などの正四面体形があります。したがって、水分子と同じ折れ線形となる分子は②となります。

　　解答番号【11】：②　　⇒ 重要度B

問4　まず物質Aは、固体でも液体でも電気伝導性があり、物質Bは、固体では電気伝導性がないが、液体になると電気伝導性がある物質である。本問題に示されている物質名は塩化ナトリウム（NaCl）と銅と鉄である。まず金属結合の銅と鉄はいずれも電気伝導性が高く固体のときも液体のときも電気伝導性がありますが、イオン結合である塩化ナトリウムは＋イオンと－イオンの結晶で、固体のときはイオンがしっかり結合しているため、イオンが移動できず電流が流れません。しかし高温で液体化、また水に溶かし水溶液とするとイオンが移動できるようになり電流が流れることから、電気伝導性があります。

　　したがって、組合せとして正しいものは⑤となります。

　　解答番号【12】：⑤　　⇒ 重要度A

4

問1　相対質量とは、ある原子を基準にして他の原子の質量を相対的に比べたものを相対質量といいます。ここでは 50 円硬貨の質量を1として、他の硬貨の質量を相対的に比べますから、50 円硬貨と 100 円硬貨と 500 円硬貨の質量比は、4.0g：4.8g：7.0g となり、100 円硬貨は 50 円硬貨に対し 4.8g ÷ 4.0g で相対質量は 1.2、そして 500 円硬貨は 7.0g ÷ 4.0g で相対質量は 1.75、よって、1：1.2：1.75 となります。したがって、相対質量として最も適当なのは④となります。ちなみに国際基準として、炭素（C）の質量を 12 と定め、これを基準に他の原子の質量を相対的に比べたものを相対質量としています。

　　解答番号【13】：④　　⇒ 重要度A

問2　酸化銅(Ⅰ)Cu_2O に含まれる銅と酸素の原子数は化学式より、銅(Cu)の原子2個と酸素(O)の原子1個が化合したことが分かります。

よって、各原子の原子量より、銅(Cu)64 × 2：酸素(O)16 × 1 となるので、重量比は 128：16 ＝ 8：1 となります。

したがって正しいものは③となります。

解答番号【14】：③　　⇒ 重要度 A

問3　まずモル濃度は、モル濃度(mol/L)＝溶質の物質量(mol)÷溶液の体積(L)により計算できます。但し書きに NaOH の式量は 40 であることから、40g/mol(1mol=40g)が分かります。ここでは水酸化ナトリウム NaOH 20g を水 500ml に溶かした水溶液ですから、モル濃度は 0.5mol ÷ 0.5L(500ml)で 1.0mol/L となります。したがって、モル濃度として最も適当なのは①となります。

解答番号【15】：①　　⇒ 重要度 A

問4　マグネシウムと塩酸を反応させると $Mg + 2HCl \rightarrow MgCl_2 + H_2$ と反応し、水素 H_2 が発生します。この反応による水素の捕集方法を水上置換法といい、空気と混じると引火して爆発する危険性がある水素などの捕集に利用されます。実験は、最初にふたまた試験管に固体であるマグネシウムリボンを逆戻りしない突起物がある方に入れます。次にもう片方の試験管に塩酸を入れ、傾けて液体(塩酸)を固体(マグネシウム)に流し込み反応させます。発生した水素はふたまた試験管を通じて、水上置換法により水素 H_2 を捕集します。

したがって、組合せとして正しいものは⑤となります。

解答番号【16】：⑤　　⇒ 重要度 B

5

問1　ブレンステッド・ローリーの定義とは、酸とは相手に H^+ を与える分子やイオンであり、塩基とは相手から H^+ を受け取る分子やイオンであることを定義したものです。

①～⑤を確認すると、①から④は、全て H_2O は H^+ を受取って右辺の H_3O^+ に変わっていますので、H_2O は塩基となります。しかし、⑤の HCl は H^+ を失って(与えて)Cl^- となっているので、HCl は酸となります。したがって、下線部の物質が酸としてはたらいているものは⑤となります。

解答番号【17】：⑤　　⇒ 重要度 A

問2　塩酸(HCl)と水酸化ナトリウム(NaOH)を混ぜ合わせると、混合溶液である塩化ナトリウム水溶液が生成され、同じ物質量(1：1)で反応させると溶液は過不足なく中和して、中性となります。以上のことから水酸化ナトリウムと塩酸の物質量を確認すると、0.1mol/L × 0.02L と 0.2mol/L × 0.01L で物質量はともに 0.002 と 0.002 の 1：1 となり、過不足なく中和し、溶液は中性となります。したがって、記述として適当なものは②となります。

解答番号【18】：②　　⇒ 重要度 C

問3　反応式の中に単体で入っているものは酸化数 0 で、化合物になると増減するので、必ず酸化還元反応であり、中和反応は酸化還元反応ではないことから、③の $2Mg + O_2 \rightarrow 2MgO$ は酸化還元反応であると判断できます。したがって、酸化還元反応であるものは③となります。

なお、細かく酸化数を確認すると以下の通りとなります。

HCl＋NaOH → H₂O＋NaCl ではClの酸化数は－1から－1、Naの酸化数は＋1から＋1、また他の原子も増減がないことから、酸化還元反応ではありません。

2HCl＋Ca(OH)₂ → 2H₂O＋CaCl₂ ではClの酸化数は－1から－1、Caの酸化数は＋2から＋2、また他の原子も増減がないことから、酸化還元反応ではありません。

2Mg＋O₂ → 2MgO ではMgの酸化数は0から＋2、0の酸化数は0から－2と増減していますので、③は酸化還元反応となります。

CH₃COOH＋NaOH → H₂O＋CH₃COONa ではNaの酸化数は＋1から＋1、また他の原子も増減がないことから酸化還元反応ではありません。

H₂SO₄＋Ba(OH)₂ → 2H₂O＋BaSO₄ ではSの酸化数は＋6から＋6、Baの酸化数は＋2から＋2、また他の原子も増減がないことから酸化還元反応ではありません。

解答番号【19】：③　　　⇒ 重要度C

問4　金属のイオン化列より、水素H₂よりイオン化しやすい金属の鉄FeやマグネシウムMg, 亜鉛Znなどを塩酸HClに入れると、気体である水素H₂を発生しながら溶けますが、水素H₂よりイオン化しにくい銅Cu・銀Ag・白金Pt・金Auは塩酸HClにふれても変化しません。したがって、正しいものは①となります。

解答番号【20】：①　　　⇒ 重要度B

令和４年度 第２回
高卒認定試験

化学基礎

解答時間　50分

化 学 基 礎

$$\left(\text{解答番号}\ \boxed{1}\ \sim\ \boxed{20}\right)$$

1 化学と人間生活について，問1〜問4に答えよ。

問1 ある温泉の成分を調べるために次の実験を行った。

A 温泉水に，硝酸銀 $AgNO_3$ 水溶液を加えると溶液が白く濁った。

B 温泉水を白金線の先に少量つけ，ガスバーナーの炎の中に入れると炎は黄色くなった。

A，Bの結果からわかる，温泉水に含まれる元素の組合せとして適当なものはどれか。次の①〜⑤のうちから一つ選べ。解答番号は $\boxed{1}$ 。

① Cl と H ② Cl と Na ③ Cl と Mg ④ H と Na ⑤ H と Mg

問2 20℃ と 80℃ の同量の水をそれぞれビーカーに入れ，水溶性のインクを同時に数滴ずつ静かに加えてビーカーの中の様子を観察した。この実験に関する記述として正しいものはどれか。次の①〜⑤のうちから一つ選べ。解答番号は $\boxed{2}$ 。

① 20℃ と 80℃ の水では，80℃ の方が速くインクと水が混ざり合う。

② 20℃ と 80℃ の水では，20℃ の方が速くインクと水が混ざり合う。

③ 20℃ と 80℃ の水では，どちらも同じ速さでインクと水が混ざり合う。

④ 20℃ の水では，どれだけ時間が経過しても，インクと水が混ざり合うことはない。

⑤ 80℃ の水では，どれだけ時間が経過しても，インクと水が混ざり合うことはない。

問3 次の４つの元素の単体のうち，同素体が存在する元素は何種類あるか。下の①〜⑤のうちから一つ選べ。解答番号は ③ 。

炭素C   酸素O   リンP   硫黄S

① 1種類   ② 2種類   ③ 3種類   ④ 4種類   ⑤ なし

問4 プラスチックゴミ問題とリサイクルについて述べた次の文の(A)，(B)に当てはまる語句の組合せとして正しいものはどれか。下の①〜⑤のうちから一つ選べ。解答番号は ④ 。

　プラスチックの(A)という性質は，廃棄する場合には欠点にもなる。適切に処理されなかったプラスチックの一部は海に流出し，海の生物への被害や景観破壊，船舶への被害などの海洋プラスチックゴミ問題を引き起こしている。

　また，ゴミとして回収されたプラスチックも，一般的なリサイクル(マテリアルリサイクルやケミカルリサイクル)に利用されるのは，全体の約2〜3割に過ぎない。燃料として利用(サーマルリサイクル)したり，焼却処分するものが約7割を占めているが，プラスチックを燃やすことで，(B)が発生することから地球温暖化への影響が懸念されている。

　以上のことから，近年ではSDGs(持続可能な開発目標)の観点からもプラスチックゴミの減量のための取り組みが行われている。

	A	B
①	熱を伝えやすい	メタン
②	水や薬品に強い	二酸化炭素
③	熱を伝えやすい	二酸化炭素
④	水や薬品に強い	メタン
⑤	熱を伝えやすい	酸素

2 物質の構成粒子について，問1〜問4に答えよ。

問1 炭素の同位体 $^{14}_{6}C$ について述べた次の文の（　A　）〜（　D　）に当てはまる数値の組合せとして正しいものはどれか。下の①〜⑤のうちから一つ選べ。解答番号は 5 。

$^{14}_{6}C$ の原子1個は，（　A　）個の陽子，（　B　）個の中性子，および（　C　）個の電子で構成されている。この電子のうち（　D　）個はL殻に入っている。

	A	B	C	D
①	8	6	6	4
②	8	6	14	8
③	6	8	6	2
④	6	8	6	4
⑤	6	14	14	8

問2 次の図は原子のイオン化エネルギーの値と原子番号の関係を表したグラフである。元素群 (a, b, c) と (x, y, z) の名称の組合せとして正しいものはどれか。下の①〜⑤のうちから一つ選べ。解答番号は 6 。

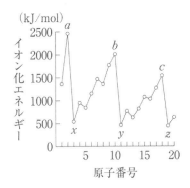

	元素群 (a, b, c) の名称	元素群 (x, y, z) の名称
①	アルカリ金属	貴ガス（希ガス）
②	アルカリ金属	ハロゲン
③	ハロゲン	アルカリ金属
④	貴ガス（希ガス）	ハロゲン
⑤	貴ガス（希ガス）	アルカリ金属

問3　次の図はK殻，L殻，M殻にそれぞれ２，８，７個の電子が配置されている原子を表した
ものである。この原子について述べた文として正しいものはどれか。下の①～⑤のうちから
一つ選べ。解答番号は　　7　　。

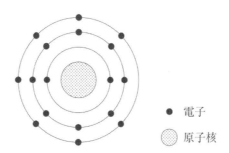

● 電子

◌ 原子核

① 貴ガス（希ガス）元素である。

② 価電子の数は17個である。

③ 原子番号は17である。

④ Naと同族元素である。

⑤ 原子核には陽子が７個ある。

問4　次の図は周期表を第６周期まで模式的に表したものである。図のi～viの領域に関する記
述として正しいものはどれか。下の①～⑤のうちから一つ選べ。解答番号は　　8　　。

	1	2	3	4	5	6	7	8	9	10	11	12	13	14	15	16	17	18
1	i																	vi
2	i	ii						iii						iv			v	vi
3	i	ii						iii						iv			v	vi
4	i	ii						iii						iv			v	vi
5	i	ii						iii						iv			v	vi
6	i	ii						iii						iv			v	vi

① iに属する元素は，すべて非金属元素である。

② ii，iiiに属する元素は，すべて金属元素である。

③ ivに属する元素は，上下よりも左右に隣り合う元素どうしの性質がよく似ている。

④ vに属する原子は，１価の陽イオンになりやすい。

⑤ viに属する原子は，すべて最外殻に電子が８個存在している。

3　物質と化学結合について，問１～問４に答えよ。

問１　次のア～ウの水分子を表した式の名称の組合せとして正しいものはどれか。下の①～⑤の
うちから一つ選べ。解答番号は　9　。

ア　H−O−H　　　イ　H_2O　　　ウ　H:Ö:H

	ア	イ	ウ
①	分子式	電子式	構造式
②	分子式	構造式	電子式
③	電子式	分子式	構造式
④	構造式	電子式	分子式
⑤	構造式	分子式	電子式

問２　窒素について述べた次の文の（　ア　）～（　ウ　）に当てはまる語句の組合せとして正しい
ものはどれか。下の①～⑤のうちから一つ選べ。解答番号は　10　。

窒素原子は最も外側の電子殻であるＬ殻に５個の価電子をもつが，そのうち２個は１組の
電子対をつくっている。残りの３個の価電子は対になっていないので（　ア　）とよばれる。
この３個の（　ア　）を２つの窒素原子が互いに出し合って窒素原子間に３組の（　イ　）をつ
くる。窒素原子間で共有されるこの３組の結合のことを（　ウ　）という。

	ア	イ	ウ
①	不対電子	非共有電子対	三重結合
②	共有電子対	非共有電子対	単結合
③	不対電子	共有電子対	三重結合
④	非共有電子対	共有電子対	三重結合
⑤	共有電子対	不対電子	単結合

問３　次の図に示す炭素の結晶ア，イに関する記述として正しいものはどれか。下の①～⑤のうちから一つ選べ。解答番号は　11　。

ア

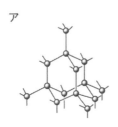

イ

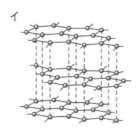

図イの----は炭素原子の
位置関係を表す。

① 結晶アはきわめて硬いため，ドリルの先端などに用いられている。

② どちらの結晶もよく電気を導く。

③ 結晶アは共有結合の結晶，結晶イはイオン結晶である。

④ 結晶イはきわめて柔らかく展性を示す無色の結晶である。

⑤ どちらの結晶も熱に強く，酸素を通じて高温で加熱しても燃焼しない。

問４　スクロース（氷砂糖），石英，スズ，硫酸銅（Ⅱ）の４種類の結晶に次のア，イの操作を行ったところ，表の結果が得られた。４種類の結晶のうち，金属結晶であるものはどれか。下の①～⑤のうちから一つ選べ。解答番号は　12　。

ア　それぞれの結晶に電気が流れるかどうか確認した。

イ　４本の別々の試験管に水を入れ，それぞれの結晶を入れて溶けるかどうか観察した。

	ア	イ
スクロース	流れなかった	溶けた
石英	流れなかった	溶けなかった
スズ	流れた	溶けなかった
硫酸銅（Ⅱ）	流れなかった	溶けた

① なし　　　　　　　② スクロース　　　　　　③ 石英

④ スズ　　　　　　　⑤ 硫酸銅（Ⅱ）

4 物質量と化学反応式について，**問1〜問4**に答えよ。

問1 次の文は，原子量についての花子先生と太郎さんの会話である。文中の（ **A** ）〜
（ **C** ）に当てはまる数値や語句の組合せとして正しいものはどれか。下の**①〜⑤**のうちから一つ選べ。解答番号は 13 。

花子先生：「原子1個の質量はとても小さく，そのままの値では扱いにくいことがあります。
そこで原子の質量を表すのに，基準として決めた原子の質量と比較して求めた
相対値を用います。現在，原子の相対質量の基準は質量数12の炭素 $^{12}C = 12$
としています。」

太郎さん：「いま，『現在』とおっしゃいましたが，基準が違ったこともあるんですか。」

花子先生：「はい，過去には水素 $H = 1$，酸素 $O = 100$ や $O = 16$ を基準としていたことも
ありました。」

太郎さん：「$O = 100$ を基準にすると値がずいぶん大きくなりますね。たとえば，硫黄S原
子の質量が酸素の2倍であったとしたら，硫黄の相対質量は（ **A** ）となりま
す。同様に，$O = 16$ を基準にした場合は，硫黄の相対質量は（ **B** ）となり，
今の硫黄の原子量と近い値ですね。では，なぜ基準をさらに ^{12}C 原子に変更し
たのですか。」

花子先生：「^{16}O，^{17}O，^{18}O の発見で混乱が生じたことが原因の一つだったようです。」

太郎さん：「（ **C** ）ですね。基準をはっきり明記することの重要性がわかったような気が
します。今日の学習で化学の歴史への興味も増しました。」

	A	B	C
①	200	32	同位体
②	200	8	同位体
③	200	32	同素体
④	50	8	同位体
⑤	50	8	同素体

問２　次の文の（　A　），（　B　）に当てはまる単位の組合せとして正しいものはどれか。下の
①〜⑤のうちから一つ選べ。解答番号は　14　。

　　　6.0×10^{23} 個の粒子の集まりを１つのまとまりとして表した物質の量を物質量といい，その単位は（　A　）である。物質を構成する粒子１（　A　）当たりの質量をモル質量といい，単位は（　B　）である。

	A	B
①	g	mol/g
②	g	g/mol
③	mol	mol/g
④	mol	g/mol
⑤	mol	g

問 3　次の文は，気体の体積についての花子先生と太郎さんの会話である。文中の（　A　）〜
（　C　）に当てはまる数値として最も適当な組合せはどれか。下の①〜⑤のうちから一つ選
べ。ただし，原子量は C ＝ 12，O ＝ 16 とする。解答番号は　15　。

花子先生：「この白い固体はドライアイスで 22 g あります。これは CO_2 何 mol ですか。」

太郎さん：「CO_2 は分子量が（　A　）ですから，ドライアイス 22 g は CO_2（　B　）mol とな
　　　　　ります。」

花子先生：「標準状態（ 0 ℃，1.01×10^5 Pa）で気体分子 1 mol の体積は，気体の種類によら
　　　　　ず約 22.4 L でしたね。では，このドライアイスが標準状態で，すべて昇華して
　　　　　気体になった時の体積を考えてください。」

太郎さん：「ドライアイス 22 g は CO_2（　B　）mol ですから，気体の二酸化炭素の体積は標
　　　　　準状態で約（　C　）L となります。」

	A	B	C
①	44	0.50	11.2
②	44	1.0	22.4
③	28	0.80	17.9
④	44	2.0	44.8
⑤	28	1.6	35.8

問4 マグネシウム Mg と希塩酸 HCl を反応させると水素 H_2 が発生する。その反応は次の化学反応式で表される。

$$Mg + 2\,HCl \longrightarrow MgCl_2 + H_2$$

4つのフラスコに同じ物質量の HCl を含む希塩酸を入れ，マグネシウム 1.2 g，2.4 g，3.6 g，4.8 g をそれぞれのフラスコに加え十分に反応させた。次の表はそれぞれの反応で発生した水素の物質量を表したものである。この実験結果をもとに作成したグラフとして最も適当なものはどれか。下の①〜⑤のうちから一つ選べ。ただし，原子量は Mg = 24 とする。解答番号は 16 。

加えたマグネシウムの質量[g]	1.2	2.4	3.6	4.8
発生した水素の物質量[mol]	0.050	0.10	0.12	0.12

①
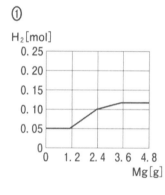

②
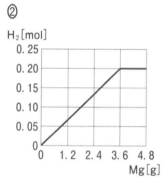

③
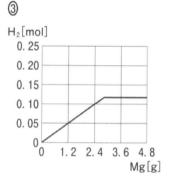

④
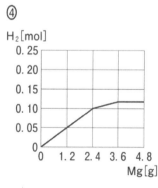

⑤
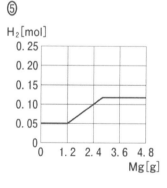

5　化学反応について，問１～問４に答えよ。

問１　酸や塩基について述べた文として正しいものはどれか。次の①～⑤のうちから一つ選べ。
　　解答番号は　17　。

　　① アレニウスの定義では，水に溶けて電離し，水素イオンを生じる物質を塩基という。

　　② ブレンステッド・ローリーの定義では，水素イオンを他から受け取る物質を塩基という。

　　③ 酸は赤色リトマス紙を青変させる。

　　④ アンモニア NH_3 は弱酸である。

　　⑤ 酸と塩基が過不足なく中和すると，必ず中性になる。

問２　$0.20\ mol/L$ 酢酸 CH_3COOH 水溶液 $10\ mL$ に $0.10\ mol/L$ 水酸化ナトリウム $NaOH$ 水溶液
　　を滴下すると，次のような滴定曲線になった。この滴定曲線について述べた文として正しい
　　ものはどれか。下の①～⑤のうちから一つ選べ。解答番号は　18　。

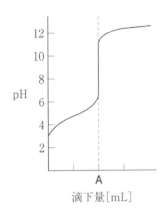

滴下量[mL]

　　① 中和点の pH は７で，Aの値は 10 mL である。

　　② 中和点の pH は７で，Aの値は 20 mL である。

　　③ 中和点の pH は７より大きく，Aの値は 5 mL である。

　　④ 中和点の pH は７より大きく，Aの値は 10 mL である。

　　⑤ 中和点の pH は７より大きく，Aの値は 20 mL である。

問3 酸化銅(II)CuO に水素 H_2 を通じて加熱すると，銅 Cu と水 H_2O を生じる。この反応は次のような化学反応式で表される。この反応について述べた文として正しいものはどれか。下の①〜⑤のうちから一つ選べ。解答番号は 19 。

$$CuO + H_2 \longrightarrow Cu + H_2O$$

① 水素原子は還元された。

② 酸素原子は酸化された。

③ 銅原子の酸化数は減少した。

④ 酸化銅(II)は酸化された。

⑤ 電子は銅から水素へ移動した。

問4 酸化還元反応では，酸化剤が受け取る電子の物質量と還元剤が失う電子の物質量が等しいとき，酸化剤と還元剤が過不足なく反応する。たとえば，硫酸で酸性にした水溶液中で過マンガン酸カリウムを酸化剤，過酸化水素を還元剤として用いるとき，酸化剤，還元剤それぞれの働きを示す電子 e^- を用いたイオン反応式は次のように表される。

$$（酸化剤）\quad MnO_4^- + 8H^+ + 5e^- \longrightarrow Mn^{2+} + 4H_2O$$
$$（還元剤）\quad H_2O_2 \longrightarrow O_2 + 2H^+ + 2e^-$$

これらの反応式から，2.0 mol の過マンガン酸イオン MnO_4^- と過不足なく反応する過酸化水素 H_2O_2 の物質量として正しいものはどれか。次の①〜⑤のうちから一つ選べ。解答番号は 20 。

① 2.0 mol

② 2.5 mol

③ 3.0 mol

④ 4.0 mol

⑤ 5.0 mol

令和4年度 第2回

解答・解説

令和4年度 第2回 高卒認定試験

【 解 答 】

1	解答番号	正答	配点	2	解答番号	正答	配点	3	解答番号	正答	配点	4	解答番号	正答	配点	5	解答番号	正答	配点
問1	1	②	5	問1	5	④	5	問1	9	⑤	5	問1	13	①	5	問1	17	②	5
問2	2	①	5	問2	6	⑤	5	問2	10	③	5	問2	14	④	5	問2	18	⑤	5
問3	3	④	5	問3	7	③	5	問3	11	①	5	問3	15	①	5	問3	19	③	5
問4	4	②	5	問4	8	②	5	問4	12	④	5	問4	16	③	5	問4	20	⑤	5

【 解 説 】

1

問1　塩素に硝酸銀を加えると、銀は水素よりイオン化傾向が大きいため、塩素は銀と反応して塩化銀となって沈殿します。実験Aの溶液が白く濁ったというのは、白い塩化銀が析出したためです。よって、実験Aより温泉水には塩素が含まれることがわかります。実験Bについて、白金（Pt）線の先に温泉水をつけ、ガスバーナーの炎の中に入れると炎が黄色くなったことから、ナトリウム元素の炎色反応が見られたことがわかります。よって、温泉水に含まれる元素は塩素ClとナトリウムNaだとわかります。したがって、正解は②となります。

解答番号【1】：②　　⇒ 重要度B

問2　インクと水が混ざり合う現象は、インクを構成する粒子がそれぞれの熱運動により動くことで四方に広がって水分子と混ざり合っていくものです。水の温度が高いと、粒子が熱エネルギーをより得ることができるため熱運動は激しくなり、より速く水分子と混ざり合うことができます。よって、20℃より80℃の水のほうがより速くインクと水が混ざり合うことができるため、②と③は誤りです。また、水は極性分子であり、インクは陽イオンと陰イオンに電離する電解質であることが多いため、水分子の極性により静電気力でインクの陽イオンと陰イオンは水分子にそれぞれ引き付けられて混ざり合います。これは温度によって変化するものではありません。よって、④や⑤にあるように、どれだけ時間が経過してもインクと水が混ざり合うことはないという記述は誤りです。したがって、正解は①となります。

解答番号【2】：①　　⇒ 重要度B

問3　同素体とは、同じ元素からなるが、性質の異なる単体のことをいいます。炭素Cの同素体には、ダイヤモンド・黒鉛・フラーレン・カーボンナノチューブがあります。酸素O_2の同素体には、オゾンO_3があります。リンPの同素体には、猛毒で自然発火する黄リンと、無毒で自然発火しない赤リンがあります。硫黄Sの同素体には、針状の結晶で

ある単斜硫黄、弾力性のあるゴム状硫黄、安定した結晶である斜方硫黄などがあります。よって、これら4つの元素すべてに同素体が存在します。したがって、正解は④となります。

解答番号【3】：④　　⇒ **重要度A**

問4　プラスチックの性質の中で、水や薬品に強いという性質は、自然界で分解されにくいという性質でもあります。また、金属が熱を伝えやすいのは自由電子が熱を伝えるためです。プラスチックには一般的に自由電子がないために熱が伝わりにくいです。プラスチックは人工的につくられた合成高分子化合物である有機物です。有機物なので炭素原子を骨格とした化合物です。そのため、プラスチックを燃やすと、炭素が酸化した二酸化炭素が発生します。したがって、正解は②となります。

解答番号【4】：②　　⇒ **重要度A**

2

問1　${}^{14}_{6}C$ において、元素記号の左下に示される6は原子番号であり、陽子の数を表しています。よって、陽子の数は6個です。元素記号の左上の14は質量数であり、陽子の数と中性子の数の和を表しています。中性子の数＝質量数−原子番号ですので、$14 - 6 = 8$ となり、中性子の数は8個となります。電子の数は陽子の数に等しいため6個です。6個の電子は、K殻に2個、L殻に4個おさまっています。したがって、正解は④となります。

解答番号【5】：④　　⇒ **重要度A**

問2　イオン化エネルギーとは、原子から電子1個を取り去って1価の陽イオンにするために必要な最小のエネルギーのことをいいます。グラフから、元素群（a, b, c）はイオン化エネルギーが極大であることがわかります。つまり、これらは陽イオンになりにくい安定した元素である貴ガス（希ガス）です。また、元素群（x, y, z）はイオン化エネルギーが極小のため陽イオンになりやすい元素であることがわかります。これらは、最外殻の価電子が1個ですので、電子を1個放出して1価の陽イオンになりやすいアルカリ金属です。イオン化されやすいアルカリ金属は、反応性に富み、水や空気中の酸素とも容易に反応します。したがって、正解は⑤となります。

解答番号【6】：⑤　　⇒ **重要度B**

問3　①について、貴ガス（希ガス）の最外殻電子数は、ヘリウム He が2、それ以外は8です。図の原子の最外殻電子は7ですので、貴ガスではありません。②について、価電子とは最外殻電子のことです。図の原子の最外殻電子は7です。③について、原子番号は電子の数を表していますから、原子番号は17です。④について、ナトリウム Na は、最外殻電子が1の1族の元素です。図の元素は最外殻電子が7個ありますから、17族のハロゲンであることがわかります。つまり、1族の Na と同族元素ではありません。⑤について、電子の数と陽子の数は等しいので、この原子核には陽子が17個あります。したがって、正解は③となります。なお、図の元素は塩素 Cl です。

解答番号【7】：③　　⇒ **重要度A**

問4　i に属する元素の中で水素だけは非金属元素です。それ以外は金属元素です。ii と iii に属する元素はすべて金属元素です。同じ族（縦の列）に属する元素を同族元素といいます。

価電子の数が同じため化学的性質が似ていることが多いです。ivに属する元素も同様に、上下の元素どうしの性質がよく似ています。vに属する原子をハロゲンといいます。価電子を7個もち、電子を1個取り込んで1価の陰イオンになりやすい性質があります。viに属する元素は貴ガスと呼ばれ、最外殻に最大数の電子が収容されています。最外殻電子数は、ヘリウムHeは2個、その他は8個です。したがって、正解は②となります。

解答番号【8】：②　　⇒ 重要度A

3

問1　分子内の原子の結合を価標と呼ばれる線を用いて表したものを構造式といいます。構造式では、1組の共有電子対を1本の価標で表します。単結合は価標が1本、二重結合は価標が2本、三重結合は価標が3本で表します。よって、「ア」は構造式です。元素記号の右下にその数を添えて表したものが分子式です。よって、「イ」は分子式です。原子の最外殻電子の様子を元素記号の上下左右に最外殻電子を黒丸（・）で表したものを電子式といいます。よって、「ウ」は電子式です。したがって、正解は⑤となります。

解答番号【9】：⑤　　⇒ 重要度A

問2　窒素原子を電子式で表すと :N̈· となります。黒丸（・）は、最外殻電子を表しています。Nの左側の対になっている電子を電子対、対になっていない上下右側の価電子を不対電子といいます。この3個の不対電子を2つの窒素原子が互いに出し合い共有結合を構成して、3組の共有電子対をつくります。電子式では :N̈· + ·N̈: → :N⋮⋮N: と表せます。この3組の共有電子対が共有されて生じる共有結合を三重結合といいます。したがって、正解は③となります。

解答番号【10】：③　　⇒ 重要度A

問3　炭素の結晶「ア」は、ダイヤモンドの結晶です。ダイヤモンドは4個の価電子のすべてを使って共有結合により正四面体形の立体構造をつくっているため非常に硬いです。また、余っている価電子がないため電気を通しません。色は無色透明です。炭素の結晶「イ」は、黒鉛の結晶です。4個の価電子のうち3個を使って共有結合を形成し、正六角形が連なった平面構造をつくっています。余った1個の価電子が平面構造内を移動することができ、これにより電気を通すことができます。平面構造どうしは、分子間力で弱く結合して層状に連なっているため、薄くはがれやすい特徴が黒鉛にはあります。色は黒色です。炭素の結晶「ア」・「イ」ともに、強い結合のため融点は高く熱に強い特性があります。炭素は、高温で加熱すると酸化し（燃焼し）二酸化炭素になります。したがって、正解は①となります。

解答番号【11】：①　　⇒ 重要度A

問4　金属結晶とは金属結合からできた結晶のことです。金属結晶は、自由電子が金属原子を互いに結び付けるはたらきをしています。この自由電子により電流が流れることができます。よって、「ア」の操作において、電流が流れたスズが金属結晶です。また、水により溶けることができるのは、イオン結晶です。イオン結晶は極性のある水分子による静電気的な引力によりイオン化されて水分子と結び付きます。この現象を「溶ける」といいます。「イ」の操作において、水に溶けたスクロースや硫酸銅はイオン結晶です。よって、電流

が流れて水に溶けないスズが金属結晶です。石英は、二酸化ケイ素（SiO_2）の共有結合による結晶です。自由電子がないために伝導性はありません。したがって、正解は④となります。

解答番号【12】：④　　⇒ 重要度A

4

問1　原子量の基準の移り変わりについての会話です。原子量とは、各元素の同位体の相対質量と存在比から求められる平均値のことです。現在、原子量の基準は、「$^{12}C = 12$」が基準となっています。会話文の8行目以降にある太郎さんの発言から、酸素の原子番号が8であるのに対して硫黄の原子番号は16ですので、硫黄の質量数が酸素の質量数の2倍になると考えます。酸素Oの原子の質量100を基準とすると、硫黄の相対質量は$100 \times 2 = 200$となります。酸素Oの原子の質量16を基準とした場合は、硫黄の相対質量は2倍となるので$16 \times 2 = 32$となります。質量数とは陽子の数と中性子の数の和のことです。同一元素において、陽子の数は一定ですが、中性子の数が異なるものを同位体といいます。放射性元素の研究が始まったことにより各元素において複数の同位体の存在が発見されました。これにより、酸素が^{16}Oと^{17}Oと^{18}Oの3種類の同位体の混合物であり、平均原子量との差が問題となり混乱が生じました。その後、平均原子量との差が比較的少ない質量数12の炭素原子Cの質量を12とした$^{12}C = 12$が基準となり現在に至ります。したがって、正解は①となります。

解答番号【13】：①　　⇒ 重要度B

問2　6.0×10^{23}個の粒子の集まりを物質量と呼びます。物質量の単位はmol（モル）です。物質1molあたりの質量をモル質量といいます。モル質量は、モル質量＝質量g/物質量molにより求めることができます。よって、単位はg/molとなります。したがって、正解は④となります。

解答番号【14】：④　　⇒ 重要度A

問3　分子量（分子の質量）とは、分子式に基づく構成元素の原子量の総和です。

CO_2の分子量 ＝ 12（炭素Cの原子量）× 1 + 16（酸素Oの原子量）× 2
$$= 12 \times 1 + 16 \times 2$$
$$= 44$$

CO_2の分子量は44となります。1molの物質の質量は分子量にg単位をつけたものとなります。よって、1mol（CO_2分子6.0×10^{23}個）あたりのCO_2の質量は44gとなります。ドライアイスはCO_2の固体ですので、モル質量は同じです。よって、1molの質量44gの半分である22gのドライアイスは、CO_2が0.50molからなります。昇華とは、固体から気体に状態変化することです。気体の種類に関わらず標準状態（0℃、1013hPa）において1molあたりの体積は22.4L/molです。CO_2が0.50molつまり1molの半分なので、気体の体積は$22.4 \div 2 = 11.2$Lとなります。したがって、正解は①となります。

解答番号【15】：①　　⇒ 重要度B

問4　本問の実験では、マグネシウム1.2g/2.4g/3.6g/4.8gと濃度不明の塩酸HClをそれぞれ別のフラスコに入れて十分に反応させ、発生した水素H_2の量を測定したものです。

Mg = 0g のとき、化学反応は成り立たず、水素 H_2 は発生しません。よって、グラフが原点を通っていない①と⑤のグラフは誤りです。マグネシウムが 1.2g のときの物質量は、モル質量［g/mol］＝原子量なので、

$$\text{Mg の物質量} = \frac{\text{Mg の質量}}{\text{モル質量}} = \frac{1.2g}{24g/mol} = 0.05mol$$

となります。過不足なく反応する物質量比は、化学反応式の係数部分より Mg：HCl：$MgCl_2$：H_2 ＝ 1：2：1：1 となります。よって、Mg の物質量と生成した水素の物質量は等しくなるので、H_2 の物質量は 0.05mol となります。よって、Mg ＝ 1.2g のとき、生成物 H_2 の物質量が 0.05mol となっていない②のグラフは誤りです。グラフの折れ曲がる点で、マグネシウム Mg と塩酸 HCl が過不足なく反応しています。過不足のない反応とは、化学反応において、どちらの物質も不足することなく反応することです。それ以降、塩酸 HCl よりもマグネシウム Mg のほうが多くなるため、発生する水素 H_2 の量は増えません。よって、グラフが折れ曲がる点が2回ある④のグラフは誤りです。したがって、正解は③となります。

解答番号【16】：③　⇒ 重要度 B

5

問1　水溶液中で電離して、水素イオン H^+ を生じる物質を酸、水酸化物イオン OH^- を生じる物質を塩基と定義したのは、アレニウスです。水に溶けて電離し水素イオンを生じるものは酸です。よって、①は誤りです。その後、H^+（陽子）の授受に着目して、相手に H^+（陽子）を与える物質を酸、相手から H^+（陽子）を受け取る物質を塩基と定義したのは、ブレンステッドとローリーです。よって、②は正しいです。酸は赤色リトマス紙では変化がなく、青色リトマス紙を赤色に変えます。よって、③は誤りです。アンモニア NH_3 は弱塩基ですので、④は誤りです。酸と塩基が反応して、その性質を打ち消し合う変化を中和といいます。中和において、生じる化合物を塩といいます。この塩をつくる酸と塩基の組み合わせから、その水溶液の液性に違いが出ます。HCl などの強酸と NaOH などの強塩基の中和では、中性の水溶液ができますが、HCl などの強酸と NH_3 などの弱塩基の中和では酸性の水溶液ができます。よって、⑤は誤りです。したがって、正解は②となります。

解答番号【17】：②　⇒ 重要度 C

問2　中和滴定において混合水溶液の pH は、中和点の前後で急激に変化し、その付近で中和滴定曲線はほぼ垂直になります。この垂直部分の中央が中和点の pH となります。グラフから、中和点は pH ≒ 9 と読み取れるため pH ＝ 7 より大きくなります。よって、①と②は誤りです。本問では、酢酸 CH_3COOH に水酸化ナトリウム NaOH を滴下しているので、中和滴定曲線の横軸が示しているのは水酸化ナトリウム NaOH の滴下量です。中和の関係式は、$CH_3COOH + NaOH →　CH_3COONa + H_2O$ となります。中和の量的関係は、酸から生じる H^+ の物質量＝塩基が受け取る H^+ の物質量となります。1価の酸である酢酸 CH_3COOH 0.20mol/L を 10ml（$= \frac{10}{1000}$L）に 0.10mol/L の水酸化ナトリウム NaOH を滴下していくので、酢酸 CH_3COOH から生じる H^+ の物質量は、1価 × 0.20mol/L × $\frac{10}{1000}$L となり、水酸化ナトリウムから生じる OH^-（塩基が受け取ることができる H^+）の物質量は、水酸化ナトリウムの滴下量を x とすると、1価 × 0.10mol/

$L \times \dfrac{x}{1000}$ L となります。これらより、

$$1 \times 0.20 \times \dfrac{10}{1000} = 1 \times 0.10 \times \dfrac{x}{1000}$$

$$0.10x = 0.20 \times 10$$

$$x = 2 \times 10$$

$$= 20 \;[\text{mL}]$$

よって、中和点における水酸化ナトリウムの滴下量は20mLとなります。したがって、正解は⑤となります。

解答番号【18】：⑤　　⇒ 重要度C

問3　本問に与えられている反応式において、加熱反応により酸化銅（Ⅱ）CuOは酸素原子Oを失ってCuになっています。これを「酸化銅（Ⅱ）CuOは還元された」といいます。よって、④は誤りです。また、水素 H_2 は、加熱反応により酸素元素Oを受け取って水 H_2O になっています。これを「水素原子は酸化された」といいます。よって、①は誤りです。酸化されるとき酸化数は増加し、還元されるとき酸化数は減少します。酸化銅は還元されているので、銅原子の酸化数は減少します。よって、③は正しいです。物質が電子を失ったとき、その物質は酸化されたといい、物質が電子を受け取ったとき、その物質は還元されたといいます。つまり、この反応では、電子は水素から銅に移動したことになります。よって、⑤は誤りです。したがって、正解は③となります。

解答番号【19】：③　　⇒ 重要度A

問4　過不足なく反応する酸化還元反応では、酸化剤が受け取る電子の数と還元剤が失う電子の数が等しくなります。酸化還元反応の化学反応式は、電子の数が等しくなるように各半反応式を組み合わせてつくります。酸化剤（過マンガン酸カリウム）の半反応式の両辺を×2し、還元剤（過酸化水素）の半反応式の両辺を×5すると、酸化剤と還元剤の間でやり取りする電子のモル比が同じ値10になります。

酸化剤　$MnO_4^- + 8H^+ + 5e^- \rightarrow Mn^{2+} + 4H_2O$　　　×2

$2MnO_4^- + 16H^+ + \underline{10e^-} \rightarrow 2Mn^{2+} + 8H_2O$

還元剤　$H_2O_2 \rightarrow O_2 + 2H^+ + 2e^-$　　　　　　　×5

$$\dfrac{5H_2O_2 \rightarrow 5O_2 + 10H^+ + \underline{10e^-}}{2MnO_4^- + 5H_2O_2 + 6H^+ \rightarrow 2Mn^{2+} + 5O_2 + 8H_2O}$$

このとき、過マンガン酸イオン MnO_4^- の係数は2、過酸化水素 H_2O_2 の係数は5より、過不足なく反応するとき、$MnO_4^- : H_2O_2 = 2 : 5$ の量的関係があることがわかります。つまり、過マンガン酸イオン MnO_4^- が2.0molのとき、過酸化水素 H_2O_2 は5.0molであれば過不足なく反応することができます。したがって、正解は⑤となります。

解答番号【20】：⑤　　⇒ 重要度C

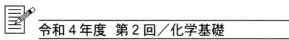

令和4年度 第1回
高卒認定試験

化学基礎

解答時間　50分

化　学　基　礎

$$\left(\text{解答番号}\boxed{1}\sim\boxed{20}\right)$$

[1] 化学と人間生活について，問1〜問4に答えよ。

問1　金属の利用とその歴史に関する次の文の（　A　）〜（　C　）に当てはまる語句の組合せとして正しいものはどれか。下の①〜⑤のうちから一つ選べ。解答番号は　[1]　。

　　人類が最初に利用した金属は，自然に産出していた金や銀などである。その他の金属のほとんどは，自然界で（　A　）や硫黄との化合物として存在している。（　A　）は，空気中に体積比で約 21 ％ 含まれており，地殻の中に一番多く含まれる元素である。こうした金属を材料として使うためには，その化合物の中から金属を単体として取り出さなければならない。この技術を（　B　）という。

　　（　B　）によって人類がはじめて用いた金属は（　C　）と言われている。（　C　）は，赤色の軟らかい金属で熱を非常によく伝え，金属の中で銀についで2番目に電気をよく通す。現在では，おもに電線や調理器具などに使われている。

	A	B	C
①	酸素	電気分解	銅
②	窒素	電気分解	アルミニウム
③	酸素	製錬	銅
④	窒素	製錬	アルミニウム
⑤	酸素	製錬	アルミニウム

問2 酸素，塩化ナトリウム，空気を**混合物**，**単体**，**化合物**に分類した。その分類の組合せとして正しいものはどれか。次の①～⑤のうちから一つ選べ。解答番号は　2　。

	混合物	単体	化合物
①	酸素	塩化ナトリウム	空気
②	酸素	空気	塩化ナトリウム
③	塩化ナトリウム	酸素	空気
④	空気	塩化ナトリウム	酸素
⑤	空気	酸素	塩化ナトリウム

問3 海水から純水を得るための実験を行った。その実験装置の留意点として正しいものはどれか。下の①～⑤のうちから一つ選べ。解答番号は　3　。

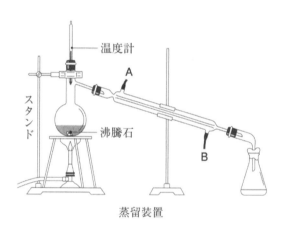

蒸留装置

① 海水の中に沸騰石を入れる。

② リービッヒ冷却器の冷却水はAからBへ流す。

③ 温度計の先端は海水の中に入れる。

④ 枝付きフラスコに海水を3分の2以上入れる。

⑤ 三角フラスコの上部とアダプターをゴム栓で接続する。

問 4　互いに同素体の関係にあるものの組合せとして正しいものはどれか。次の①〜⑤のうちから一つ選べ。解答番号は　4　。

① ダイヤモンド　と　ドライアイス

② 二酸化炭素　と　一酸化炭素

③ 黒鉛　と　斜方硫黄

④ 赤リン　と　黄リン

⑤ 単斜硫黄　と　オゾン

2 物質の構成粒子について，問1～問4に答えよ。

問1 次の花子先生と太郎さんの二人の会話中の（ A ），（ B ）に当てはまる語句の組合せとして正しいものはどれか。下の①～⑤のうちから一つ選べ。解答番号は　5　。

太郎さん：「先生。この間，テレビの医療番組を見ていたら，甲 状 腺（こうじょうせん）ガンの治療にヨウ素の放射性（ A ）を使うといっていましたけど，それは本当ですか。」

花子先生：「それは本当です。甲状腺は，のどのあたりにある臓器で，放射線を出すヨウ素を服用することでガンの治療を行うことができます。」

太郎さん：「そうなんですか。どのように治療を行うのですか。」

花子先生：「元々，甲状腺にはヨウ素が集まってきます。甲状腺ではヨウ素を使って甲状腺ホルモンをつくります。ヨウ素の放射性（ A ）を服用すると，それが甲状腺に集まり，ガン細胞を壊す働きをすることでガンの治療を行います。」

太郎さん：「他の放射性（ A ）の種類とその利用法にはどのようなものがありますか。」

花子先生：「（ B ）の（ A ）には，放射性（ A ）があります。これは遺跡の発掘等で年代測定をするときに利用します。昨年世界文化遺産に登録された『北海道・北東北の縄文遺跡群』の年代測定にも利用されました。」

太郎さん：「そうなんですね。放射性（ A ）のいろいろな利用法がわかりました。」

	A	B
①	同素体	炭素
②	同素体	ヘリウム
③	同位体	リチウム
④	同位体	炭素
⑤	同位体	ヘリウム

問 2　次のア～ウの条件をすべて満たす元素として正しいものはどれか。下の①～⑤のうちから一つ選べ。解答番号は　6　。

ア　金属元素である。
イ　単体は，常温・常圧で液体である。
ウ　銀白色である。

① 水銀　　　　　　　② ヘリウム　　　　　　③ アルミニウム
④ 水素　　　　　　　⑤ 炭素

問 3　次の原子番号 1 ～ 20 の元素の中で，水素 H を除いた周期表の 1 族に含まれる元素の組合せとして正しいものはどれか。下の①～⑤のうちから一つ選べ。解答番号は　7　。

H He Li Be B C N O F Ne Na Mg Al Si P S Cl Ar K Ca

① Li・Na・K　　　　② Be・Mg・Ca　　　　③ B・Al
④ N・P　　　　　　⑤ He・Ne・Ar

問 4　次の図は，原子の電子配置を模式的に表したものである。ア～オのうち，安定した電子配置である原子の組合せとして正しいものはどれか。下の①～⑤のうちから一つ選べ。解答番号は　8　。

ア　　　　　　　　イ　　　　　　　　ウ

エ　　　　　　　　オ

　　　：原子核

●　：電子

① アとイ　　② イとウ　　③ アとエ　　④ ウとエ　　⑤ エとオ

3 物質と化学結合について，問1～問4に答えよ。

問1 アンモニウムイオン NH_4^+ と硫酸イオン SO_4^{2-} からできる物質の組成式として正しいものはどれか。次の①～⑤のうちから一つ選べ。解答番号は 9 。

① $NH_4(SO_4)_2$ ② $(NH_4)_2SO_4$ ③ NH_6SO_4

④ NH_8SO_4 ⑤ NH_2SO_4

問2 **分子の電子式**とその分子中に含まれる**非共有電子対の数**の組合せとして正しいものはどれか。次の①～⑤のうちから一つ選べ。解答番号は 10 。

	分子の電子式	非共有電子対の数
①	:C̈l:C̈l:	7
②	H:H	1
③	:Ö::C::Ö:	8
④	H:N̈:H Ḧ	3
⑤	H H H:C̈:C̈:H H H	0

問 3　次の図は少量の塩化ナトリウム NaCl と少量のヨウ素 I₂ を常温の水とヘキサンにそれぞれ
　　　加え，よく混ぜた直後の様子を示したものである。これらの結果を参考に，無極性分子であ
　　　るものの組合せとして適当なものはどれか。下の①～⑤のうちから一つ選べ。
　　　解答番号は　11　。

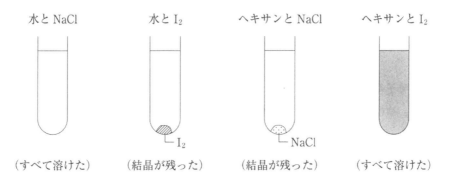

①　水　と　塩化ナトリウム

②　水　と　ヨウ素

③　ヘキサン　と　塩化ナトリウム

④　ヘキサン　と　ヨウ素

⑤　塩化ナトリウム　と　ヨウ素

問 4　固体の**物質**とその物質の**結晶の種類**の組合せとして正しいものはどれか。次の①～⑤のう
　　　ちから一つ選べ。解答番号は　12　。

	物質	結晶の種類
①	ダイヤモンド	分子結晶
②	黒鉛	イオン結晶
③	塩化ナトリウム	イオン結晶
④	ドライアイス	金属結晶
⑤	鉄	分子結晶

4 物質量と化学反応式について，**問1〜問4**に答えよ。

問1 ナトリウムイオン Na^+ の式量に関する次の文の（ **A** ），（ **B** ）に当てはまる語句と数値の組合せとして正しいものはどれか。下の①〜⑤のうちから一つ選べ。ただし，ナトリウムの原子量を23とする。解答番号は [13]。

　　ナトリウム原子 Na が（ **A** ）を1つ放出するとナトリウムイオンになる。放出した（ **A** ）の質量は原子の質量に比べて非常に小さいため，無視することができる。したがってナトリウムイオンの式量は（ **B** ）となる。

	A	B
①	電子	22
②	電子	23
③	電子	24
④	陽子	22
⑤	陽子	23

問2 1.0 mol の水分子 H_2O に関する記述として正しいものはどれか。次の①〜⑤のうちから一つ選べ。ただし，水の分子量を18とし，アボガドロ定数を 6.0×10^{23}/mol とする。解答番号は [14]。

① 3.0×10^{23} 個の水分子が含まれる。

② 1.0 mol の水素原子が含まれる。

③ 水素原子と酸素原子が同じ数含まれる。

④ すべて水蒸気になると体積は標準状態（0℃，1.01×10^5 Pa）で18 L になる。

⑤ 質量は18 g である。

問3 密度 $1.2\,g/cm^3$ で質量パーセント濃度が20 % の水溶液が100 mL ある。次の文の（　A　），（　B　）に当てはまる数値と語句の組合せとして正しいものはどれか。下の①〜⑤のうちから一つ選べ。解答番号は　15　。

　密度 $1.2\,g/cm^3$ という値が表しているのは水溶液 $1\,cm^3$（＝ 1 mL）の質量が1.2 gであるということなので，100 mL の水溶液の質量は（　A　）gとなる。この中に（　B　）が20 %含まれているので，（　B　）の質量は24 gとなる。

	A	B
①	80	溶質
②	100	溶媒
③	100	溶質
④	120	溶媒
⑤	120	溶質

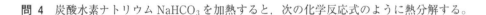

問 4 炭酸水素ナトリウム $NaHCO_3$ を加熱すると，次の化学反応式のように熱分解する。

$$2\,NaHCO_3 \longrightarrow Na_2CO_3 + H_2O + CO_2$$

次の図のように $8.4\,g$ の炭酸水素ナトリウム（式量 84）を蒸発皿に入れ，加熱して完全に反応させると，$5.3\,g$ の炭酸ナトリウム Na_2CO_3（式量 106）が蒸発皿に生じた。この反応に関する記述として正しいものはどれか。下の①～⑤のうちから一つ選べ。
解答番号は 16 。

蒸発皿

① 生成した水と二酸化炭素の質量を合計すると $3.1\,g$ になる。

② この反応において，反応した炭酸水素ナトリウムと生成した炭酸ナトリウムの物質量の比は $1:1$ である。

③ 生成した水は $0.10\,mol$ である。

④ 加熱が不十分だと，生成する水の質量は増加してしまう。

⑤ 実験に用いた炭酸水素ナトリウムは $0.50\,mol$ である。

5 化学反応について，問1〜問4に答えよ。

問1 酢酸に関する記述として最も適するものはどれか。次の①〜⑤のうちから一つ選べ。
解答番号は 17 。

① 強酸である。

② 弱酸である。

③ 塩である。

④ 弱塩基である。

⑤ 強塩基である。

問2 酸と塩基が反応したとき，過不足なく中和する組合せとして正しいものはどれか。次の
①〜⑤のうちから一つ選べ。解答番号は 18 。

① 2 mol の HCl と 1 mol の NaOH

② 1 mol の H_2SO_4 と 1 mol の NaOH

③ 1 mol の CH_3COOH と 2 mol の NH_3

④ 1 mol の HNO_3 と 1 mol の NH_3

⑤ 3 mol の H_3PO_4 と 2 mol の $Ca(OH)_2$

問3　次の文の（　A　），（　B　）に当てはまる語句の組合せとして正しいものはどれか。下の①～⑤のうちから一つ選べ。解答番号は　19　。

硝酸銀水溶液は（　A　）色の水溶液である。この水溶液に銅板を入れると，銅板に銀が析出し，溶液は徐々に（　B　）色に変化していく。

	A	B
①	無	赤
②	無	黄
③	無	青
④	赤	青
⑤	赤	黄

問4　次の文の（　A　）～（　C　）に当てはまる語句の組合せとして正しいものはどれか。下の①～⑤のうちから一つ選べ。解答番号は　20　。

イオン化傾向が小さい金は単体としても産出されるが，イオン化傾向が大きいアルミニウムは酸化物として産出される。そのため，アルミニウムを利用するために酸化物から単体を取り出す必要がある。

アルミニウムの原料は（　A　）とよばれる鉱石であり，この（　A　）を精製すると（　B　）とよばれる純粋な酸化アルミニウムが得られる。さらに（　B　）を（　C　）にして融解し電気分解することによってアルミニウムイオンが還元されアルミニウムの単体を得ることができる。この電気分解を溶融塩電解（融解塩電解）という。

	A	B	C
①	ボーキサイト	ファラデー	低温
②	ボーキサイト	アルミナ	高温
③	ボーキサイト	アルミナ	低温
④	コークス	ファラデー	高温
⑤	コークス	アルミナ	低温

和4年度第1回試験

6

令和4年度　第1回

解答・解説

令和4年度　第1回　高卒認定試験

【 解 答 】

1	解答番号	正答	配点	2	解答番号	正答	配点	3	解答番号	正答	配点	4	解答番号	正答	配点	5	解答番号	正答	配点
問1	1	③	5	問1	5	④	5	問1	9	②	5	問1	13	②	5	問1	17	②	5
問2	2	⑤	5	問2	6	①	5	問2	10	⑤	5	問2	14	⑤	5	問2	18	④	5
問3	3	①	5	問3	7	①	5	問3	11	④	5	問3	15	⑤	5	問3	19	③	5
問4	4	④	5	問4	8	③	5	問4	12	③	5	問4	16	①	5	問4	20	②	5

【 解 説 】

1

問1　自然界に存在する金属の多くは、地中の鉱石中に酸素や硫黄と結び付いた化合物として存在しています。空気を構成する物質の体積比は、窒素が約78%、酸素が約21%です。また、地殻を構成する物質の構成比は、酸素が約46%、ケイ素が約28%となっており、酸素は地殻中で最も多く含まれる元素です。酸化物や硫黄化物として存在する鉱石から金属の単体を取り出す操作を製錬といいます。製錬によって人類が初めて用いた金属は銅です。銅は黄銅鉱などの鉱石から製錬によって取り出されます。銅は、電気や熱をよく伝えるため電線や調理器具として使われています。電気分解とは、電気のエネルギーを利用して酸化還元反応を起こすものです。電気分解によって製錬により得られた銅から不純物を取り除いて純度の高い銅を取り出すことができます。したがって、正解は③となります。

解答番号【1】：③　　⇒ **重要度A**

問2　酸素 O_2 や塩化ナトリウム $NaCl$ など1種類の物質のみからできたものを純物質といいます。海水や空気など2種類以上の物質が混じり合ってできた物質を混合物といいます。純物質の中で、酸素 O_2 や水素 H_2 など1種類の元素からなる物質を単体、水 H_2O や塩化ナトリウム $NaCl$ など2種類以上の元素からなる純物質を化合物といいます。空気は、窒素 N_2・酸素 O_2・アルゴン Ar など複数の純物質が含まれるので混合物です。酸素 O_2 は、酸素元素のみからなる単体です。塩化ナトリウム $NaCl$ は、塩素元素 Cl とナトリウム元素 Na がイオン結合した純物質なので化合物です。したがって、正解は⑤となります。

解答番号【2】：⑤　　⇒ **重要度A**

問3　蒸留装置は、液体に固体などが溶け込んだ混合物を加熱して、液体を気体に変え、これを冷却して再び液体として分離する装置です。この操作のことを蒸留といいます。この操作を行う際、留意点として、海水に沸騰石を入れて急激な沸騰を防ぎます。よって、①は正しいです。冷却水は、図のBからA、つまりリービッヒ冷却器の下部から上部に流します。AからBに流すと、温められた水は上昇するため水は下に流れ落ちずに上部に溜まってし

まい、冷却効率が悪くなります。よって、②は誤りです。枝付きフラスコに入れる温度計は、枝に向かう蒸気の温度を測定するために枝の付け根の位置に設置します。海水中には入れません。蒸気の温度を測ることで目的の物質（水）が出ているかどうかを確認することができます。よって、③は誤りです。枝付きフラスコに入れる海水の量は、全容量の2分の1以下にします。これは、沸騰したときに枝に液体が向かわないようにするためです。よって、④は誤りです。三角フラスコをゴム栓で接続すると、容器の内圧が上昇して器具を破損する恐れがあるため、密閉しないようにアルミニウム箔などで接続します。よって、⑤は誤りです。したがって、正解は①となります。

　　　　解答番号【3】：①　　⇒ 重要度B

問4　同じ元素からなるが性質の異なる単体を同素体といいます。①のダイヤモンドが炭素Cからなるのに対し、ドライアイスは二酸化炭素 CO_2 よりなるため、同じ元素からなる単体ではありません。②の二酸化炭素 CO_2 と一酸化炭素COは、炭素Cと酸素Oからできている化合物であり単体ではありません。③の黒鉛が炭素Cであるのに対し、斜方硫黄は硫黄Sであるため、同じ元素ではありません。④の黄リンと赤リンは、リンPの同素体です。黄リンと赤リンは同じ単体の元素からなりますが、性質が異なります。黄リンは猛毒であり空気中で自然発火しますが、赤リンは無毒であり空気中で自然発火しません。マッチの先端には赤リンが使われています。こすることによって生じる摩擦熱で、赤リンが黄リンに変わり発火します。⑤の単斜硫黄は硫黄Sであるのに対し、オゾンは酸素 O_2 であるため、同じ元素ではありません。したがって、正解は④となります。

　　　　解答番号【4】：④　　⇒ 重要度A

2

問1　原子番号が同じで質量数が異なる原子を同位体といいます。陽子の数が等しい同じ元素においては、中性子数が異なるために質量数が異なります。これに対して、同素体は、無色無臭の酸素 O_2 と淡青色で匂いのあるオゾン O_3 のように、同じ原子からできている単体でも性質が異なるものをいいます。同位体の中には、原子核が不安定で放射線を出すものがあります。これを放射性同位体といいます。ヨウ素の放射性同位体を服用すると、それが甲状腺に集まります。放射線は電磁波のひとつで非常に短い波長をもち、透過性が大きいため細胞や核内を透過します。また、原子に衝突して電子をはじきとばす電離作用があり、その電子により細胞が傷つけられます。こうしたことから、がん細胞のDNAを攻撃して死滅させることができるため、放射線ががん治療に用いられています。大気中の二酸化炭素には炭素Cの放射性同位体である ^{14}C が微量に含まれています。植物は光合成で二酸化炭素を取り込むときに、この ^{14}C を取り込みます。放射性物質は一定の割合で時間とともに崩壊していきます。崩壊により最初の原子核の数の半分になるまでの時間を半減期といいます。^{14}C の半減期は約5730年です。遺跡の発掘などで年代測定を行うとき、木片に含まれている ^{14}C の割合を調べることによって、^{14}C の半減期から年代を算出することができます。したがって、正解は④となります。

　　　　解答番号【5】：④　　⇒ 重要度A

問2　選択肢のうち、金属元素は①の水銀Hgと③のアルミニウムAlです。常温・常圧で液体である金属は水銀Hgです。また、水銀Hgは銀白色をしています。よって、ア～ウの

条件をすべて満たす元素は水銀です。したがって、正解は①となります。

解答番号【6】：①　　⇒ 重要度A

問3　周期表の縦の列を族といいます。同じ族に属する元素を同族元素といいます。水素H以外の1族元素をアルカリ金属といい、性質が似ています。原子番号1～20の元素の中で、アルカリ金属はリチウムLi・ナトリウムNa・カリウムKです。アルカリ金属は価電子を1個もち、イオン化エネルギーが小さいため、価電子を1個放出して1価の陽イオンになりやすい性質があります。単体は反応性に富み、常温の水と容易に反応するため石油中に保存します。化合物は炎色反応を示します。②の元素は2族元素のアルカリ土類金属、③の元素は13族元素、④の元素は15族元素、⑤の元素は18族元素の貴ガスです。したがって、正解は①となります。

解答番号【7】：①　　⇒ 重要度A

問4　安定した電子配列とは、最外殻電子（最も外側の電子殻に入っている電子）にそれぞれの殻の最大数の電子が配置されている状態のことです。「ア」は最外殻がK殻ですので最大電子数は2個であり、模式図も電子が2個となっていますから安定した電子配置です。なお、これはヘリウム原子Heの模式図です。「イ」・「ウ」・「エ」は、最外殻がL殻で最大電子数は8個です。よって、模式図で電子が8個埋まっている「エ」のみが安定した電子配置とわかります。なお、「イ」はベリリウム原子Be、「ウ」は炭素原子C、「エ」はネオン原子Neの模式図です。「オ」は最外殻のM殻に電子が1つしか配置されていないので、安定した電子配置ではありません。M殻の最大電子数は8個です。なお、「オ」はナトリウム原子Naの模式図です。したがって、正解は③となります。

解答番号【8】：③　　⇒ 重要度A

3

問1　陽イオンと陰イオンの間には静電気力がはたらき、それによって生じる結合をイオン結合といいます。陽イオンと陰イオンからできる物質は、構成イオンの種類とその割合を最も簡単な整数比で示した組成式で表すことができます。NH_4^+は陽イオン、SO_4^{2-}は陰イオンです。イオンの価数とは、各イオンになるときに、原子が電子を受け取ったり失ったりした数のことをいいます。イオン式の右上の数字が価数を表しているので、NH_4^+であれば価数は1、SO_4^{2-}の価数は2です。これらのイオン結晶を考えるとき、陽イオンの価数×陽イオンの数＝陰イオンの価数×陰イオンの数という関係が成り立ちます。陽イオンの数をX、陰イオンの数をYとします。1×X＝2×Yが成り立つ最小の整数XとYを考えると、X＝2、Y＝1となります。そして、陽イオンと陰イオンの電荷±を取り除いて、XとYの値を右下につけると、$(NH_4)_2SO_4$と表せます（1は省略します）。したがって、正解は②となります。

解答番号【9】：②　　⇒ 重要度A

問2　原子どうしが電子を共有して生じる結合を共有結合といいます。分子はいくつかの共有結合によって形成されています。電子式は、原子の最外殻の様子を表しています。元素記号の上下左右にある黒丸（・）は最外殻電子の配置を表しています。2つペアになっている「：」を電子対といいます。2つペアにならない電子を不対電子といいます。不対電子

がほかの原子の不対電子と電子対をつくり、これが両原子に共有されたものを共有電子対といいます。このとき、原子間では共有結合が生じます。共有結合に関わらないものを非共有電子対といいます。①の塩素分子 Cl_2 の電子対では、共有電子対は1組、非共有電子対は6組です。②の水素分子 H_2 の電子対では、共有電子対は1組、非共有電子対は0組です。③の二酸化炭素分子 CO_2 の電子対では、共有電子対は4組、非共有電子対は4組です。このように2組の共有電子対で生じる共有結合を二重結合といいます。④のアンモニア分子 NH_3 の電子対では、共有電子対は3組、非共有電子対は1組です。⑤のエタン分子 C_2H_6 の電子対では、炭素 C と水素 H はすべて共有電子対であり、非共有電子対は0です。したがって、正解は⑤となります。

解答番号【10】：⑤ ⇒ **重要度B**

問3 同種の原子間における共有結合では共有電子対が、どちらの原子にも偏らずに均等に共有されます。それに対して、異種の原子間における共有結合において共有電子対が一方の原子に偏ります。片方を引き寄せているほうの原子は負の電荷をもち、他方の原子は正の電荷をもちます。そのため分子全体として極性を示します。このような分子を極性分子といいます。極性分子に対して、結合に極性がなく、分子全体として極性を示さないものを無極性分子といいます。本問では、溶質である塩化ナトリウム NaCl とヨウ素 I2 を、溶媒である水 H_2O とヘキサン C_6H_{14} にそれぞれ混ぜ合わせます。

「水と NaCl」の図には、「すべて溶けた」とあるので、イオン結晶である塩化ナトリウム NaCl が水 H_2O の極性によりイオン化されたことがわかります。水に塩化ナトリウムを入れると、塩化ナトリウムの結晶表面の Na^+ に水分子中の負に帯電した酸素原子が静電気的な引力によって引き付けられ、Cl^- には水分子中の正に帯電した水素原子が引き付けられます。Na^+ や Cl^- が水分子と結び付くと、結晶中の Na^+ と Cl^- の間の結合が弱まり、Na^+ と Cl^- は熱運動によって水中を拡散していきます。このようにして、塩化ナトリウム NaCl は水 H_2O の中でよく溶けます。よって、水は極性分子です。また、塩化ナトリウムは、イオン結晶であって分子結晶ではないので極性分子ではありません。

「水と I_2」の図から、水 H_2O とヨウ素 I_2 の混合液において、ヨウ素の結晶が残ったことがわかります。つまり、水とヨウ素は混ざり合いません。水は極性分子ですので、水と混ざり合わない溶質のヨウ素 I_2 は無極性分子となります。極性分子と無極性分子の混合液では、極性分子どうしの結合が強く無極性分子と混ざり合うことができません。

「ヘキサンと NaCl」の図から、ヘキサン C_6H_{14} と塩化ナトリウム NaCl の混合液でも塩化ナトリウムの結晶が残っていることがわかります。このことから、ヘキサンは塩化ナトリウムのイオン結合を引き離す極性がない無極性分子だとわかります。

「ヘキサンと I_2」の図から、ヘキサン C_6H_{14} とヨウ素 I_2 はすべて溶け合っていることがわかります。無極性分子と無極性分子は分子の熱運動による拡散によって混ざり合うことができるため、ヘキサン C_6H_{14} とヨウ素 I_2 は互いに無極性分子であるということがわかります。

以上のことから、無極性分子の組み合わせはヘキサン C_6H_{14} とヨウ素 I_2 です。したがって、正解は④となります。

解答番号【11】：④ ⇒ **重要度B**

問4 分子結晶とは、非金属元素の原子が共有結合により分子を形成し、その分子間にはたらく弱い引力である分子間力（ファンデルワールス力）によって規則正しく配列してできた

固体のことをいいます。イオン結晶とは、原子が電子の授受により陽イオンと陰イオンになり、陽イオンと陰イオンどうしがイオン結合により結び付き、規則正しく配列した固体のことをいいます。金属結晶とは、金属元素の原子が自由電子により結合する金属結合によりできた結晶のことです。①の炭素原子 C からできているダイヤモンドは共有結合による結晶です。共有結合による結晶は、外力に対して非常に硬く、融点が非常に高い特徴をもちます。②の炭素原子 C からなる黒鉛もダイヤモンドと同様に共有結合による結晶です。③の塩化ナトリウムはナトリウムイオン Na^+ と塩化物イオン Cl^- がイオン結合したイオン結晶です。イオン結晶は、外力に対し割れやすい特徴があります。④のドライアイスは二酸化炭素 CO_2 の固体です。これは二酸化炭素 CO_2 分子が分子間力により結合する分子結晶です。分子結晶は、融点が低く外力に対し弱い特徴があります。⑤の鉄 Fe は金属元素であり、金属結合の結晶です。したがって、正解は③となります。

解答番号【12】：③　　⇒ **重要度A**

4

問1　イオンの質量の値をイオンの式量といいます。ナトリウム原子 Na が電子を1つ放出してナトリウムイオン Na^+ となります。陽子の質量を1としたときに電子の質量は 1/1840 と極めて小さいため、放出した電子の質量は無視することができます。ナトリウムの原子量は 23 より、電子の質量を無視すると、イオンの質量＝そのイオンを構成する原子の質量と考えることができます。イオンの質量のことをイオンの式量といいます。よって、イオンの式量は 23 となります。したがって、正解は②となります。

解答番号【13】：②　　⇒ **重要度A**

問2　物質量 mol とは、6.0×10^{23} 個の粒子の集団です。1mol の水分子には 6.0×10^{23} 個の水分子が含まれます。よって、①は誤りです。水分子 H_2O は、水素原子 H が2つと酸素原子 O が1つからなるため、1.0mol の水分子 H_2O は、2.0 mol の水素原子 H と 1.0 mol の酸素原子 O より構成されています。よって、②と③は誤りです。気体の種類に関係なく標準状態における 1mol の気体の体積は 22.4L です。水蒸気は水の気体状態です。よって、④は誤りです。1mol の質量は、原子量や分子量に g 単位をつけたものです。分子量は、分子式より構成元素の原子量の総和から求められます。設問文に 1.0mol の水分子の分子量は 18 とするとありますので、1.0mol の水分子の質量は分子量に g をつけた 18g となります。したがって、正解は⑤となります。

解答番号【14】：⑤　　⇒ **重要度A**

問3　密度が $1.2g/cm^3$ ということは、水溶液 $1cm^3$（＝ 1mL）の質量が 1.2g なので、100mL では $1.2g/cm^3 \times 100cm^3 = 120g$ となります。水に物質を溶かし、全体が均一になる現象を溶解するといいます。このとき、水を溶媒といい、溶けている物質を溶質といいます。溶液の質量に対する溶質の質量の割合のことを質量パーセント濃度といいます。設問文に「質量パーセント濃度が 20% の水溶液」とありますから、溶質が全体の 20% 含まれているということになります。溶質の質量は以下の式によって求められます。

$$\frac{溶質の質量}{溶液の質量} \times 100 = 質量パーセント濃度$$

$$\frac{\text{溶質の質量}}{120\text{g}} \times 100 = 20\%$$

$$溶質の質量 = 20 \times \frac{1}{100} \times 120$$

$$= 24\text{ g}$$

したがって、正解は⑤となります。

解答番号【15】：⑤ ⇒ 重要度 A

問4　化学変化における質量保存の法則より、反応物の質量の総和と生成物の質量の総和は等しいので、反応の前後で質量の総和は変わりません。よって、炭酸水素ナトリウム $NaHCO_3$ の質量は 8.4g ですから、生成物である炭酸ナトリウム Na_2CO_3（＝ 5.3g）と水と二酸化炭素（$H_2O + CO_2$）の総和は 8.4g になります。8.4 − 5.3 ＝ 3.1 より水と二酸化炭素（$H_2O + CO_2$）の総和は 3.1g となります。よって、①は正しいです。化学反応式の係数の比が、反応物と生成物のそれぞれの物質量の比と等しくなります。これより、反応物である炭酸水素ナトリウム $NaHCO_3$ と生成物である炭酸ナトリウム Na_2CO_3 の物質量比は、2：1 となります。よって、②は誤りです。同様に、反応式の係数が物質量の比と等しくなることから生成した水 H_2O は 1.0mol です。よって、③は誤りです。加熱が不十分な場合、生成物である水の質量が増加することはありません。加熱が不十分だと生成物は減少します。よって、④は誤りです。設問文より、炭酸水素ナトリウム $NaHCO_3$ の式量は 84 です。式量とは組成式を構成する元素の原子量の総和を表しています。モル質量は式量に g/mol をつけたものですから、炭酸水素ナトリウム $NaHCO_3$ のモル質量は 84g/mol となります。物質量＝質量 ÷モル質量の関係があるので、この実験で使用した炭酸水素ナトリウム $NaHCO_3$ の物質量は、8.4g ÷ 84g/mol ＝ 0.1mol となります。よって、⑤は誤りです。したがって、正解は①となります。

解答番号【16】：① ⇒ 重要度 B

5

問1　水溶液中で陽イオンと陰イオンを生じることを電離といい、電離したときに水素イオン H^+ を生じる物質を酸といいます。水溶液中で完全に電離して、電離度が 1 に近い酸を強酸といいます。これに対して、水溶液中で一部しか電離せず、電離度が小さい酸を弱酸といいます。また、水溶液中で電離して、水酸化物イオン OH^- を生じる物質を塩基といいます。酢酸 CH_3COOH は弱酸です。強酸には塩化水素 HCl などがあります。弱塩基にはアンモニア NH_3 など、強塩基には水酸化ナトリウム $NaOH$ などがあります。また、塩とは、酸と塩基が中和するときに酸の陰イオンと塩基の陽イオンから生じる化学物質のことをいいます。したがって、正解は②となります。

解答番号【17】：② ⇒ 重要度 A

問2　化学反応式をつくり、その係数比より物質量比を導き出します。過不足なく中和するとは、中和されず残る物質がなく、反応が終了することをいいます。①の反応式は、$HCl + NaOH \rightarrow NaCl + H_2O$ です。この反応式の係数比で中和すると過不足なく中和ができます。つまり、過不足ない中和反応には 1mol の塩化水素 HCl と 1mol の水酸化ナトリウム $NaOH$ が必要です。よって、①は誤りです。②の反応式は、$H_2SO_4 + 2NaOH \rightarrow Na_2SO_4 + 2H_2O$ です。よって、1mol の硫酸 H_2SO_4 と 2mol の水酸化ナトリウム $NaOH$

が必要となるので、②は誤りです。③の反応式は、$CH_3COOH + NH_3 \rightarrow CH_3COONH_4$ となり、酢酸アンモニウムが生成されます。過不足なく反応するためには、1mol の酢酸 CH_3COOH と 1mol のアンモニア NH_3 が必要となるので、③は誤りです。④の反応式は、$HNO_3 + NH_3 \rightarrow NH_4NO_3$ となり、硝酸アンモニウムが生成されます。過不足なく反応するためには、1mol の硝酸 HNO_3 と 1mol の NH_3 が必要です。よって、④は正しいです。⑤の反応式は、$2H_3PO_4 + 3Ca(OH)_2 \rightarrow Ca_3(PO_4)_2 + 6H_2O$ となります。過不足なく反応するためには、2mol のリン酸 H_3PO_4 と 3mol の水酸化カルシウム $Ca(OH)_2$ が必要となるので、⑤は誤りです。したがって、正解は④となります。

解答番号【18】：④　　⇒ 重要度C

問3　硝酸銀 $AgNO_3$ 水溶液は無色の水溶液です。この水溶液に銅板を入れると、銅 Cu のイオン化傾向は銀 Ag のイオン化傾向より大きいため、銅は電子を失って陽イオン Cu^{2+} となり、その電子を硝酸銀水溶液中の Ag^+ が受け取り Ag が析出します。析出した金属は樹木の枝のように見えるため金属樹と呼ばれます。溶液は銅イオンが増えるにしたがって徐々に青色に変化していきます。したがって、正解は③となります。

解答番号【19】：③　　⇒ 重要度C

問4　アルミニウム Al の原料は、地殻に存在する鉱石のボーキサイトです。ボーキサイトからアルミナという酸化アルミニウム Al_2O_3 を電気分解により取り出します。酸化アルミニウムの融点は 2000℃を超すため、氷晶石（ひょうしょうせき）Na_3AlF_6 といっしょに高温（約 1000℃）で溶かして、電気分解により炭素電極の陰極に単体のアルミニウム Al を析出させ、陽極では一酸化炭素や二酸化炭素が生じます。これを溶融塩電解といいます。したがって、正解は②となります。

解答番号【20】：②　　⇒ 重要度B

令和３年度 第２回
高卒認定試験

化学基礎

解答時間　50分

化　学　基　礎

$$\left(\text{解答番号}\ \boxed{1}\ \sim\ \boxed{20}\right)$$

1 化学と人間生活について，問1～問4に答えよ。

問 1 **食品添加物**とその**主な作用**についての組合せとして正しいものはどれか。次の①～⑤のうちから一つ選べ。解答番号は　1　。

	食品添加物	主な作用
①	着色料	甘みをつける
②	甘味料	色をつける
③	保存料	水と油を混ぜる
④	乳化剤	腐敗の防止
⑤	酸化防止剤	酸化の防止

問 2 乾燥空気の組成（体積パーセント）について述べた次の文の（　A　）～（　C　）に当てはまる語句の組合せとして正しいものはどれか。下の①～⑤のうちから一つ選べ。解答番号は　2　。

　乾燥空気は（　A　）に分類され，含まれる気体の多い順に（　B　）がおよそ78 %，次いで酸素がおよそ21 % となる。また，残りのおよそ1 % のうち最も多い気体はアルゴンで，次に（　C　）となる。

	A	B	C
①	混合物	窒素	二酸化炭素
②	混合物	窒素	ヘリウム
③	混合物	ヘリウム	二酸化炭素
④	純物質	窒素	ヘリウム
⑤	純物質	ヘリウム	二酸化炭素

問 3　炭素，酸素，硫黄について述べた次の文の（　A　）〜（　C　）に当てはまる語句や数値の組合せとして正しいものはどれか。下の①〜⑤のうちから一つ選べ。解答番号は　3　。

　　同じ元素からなる単体で性質の異なる物質どうしを互いに（　A　）という。炭素，酸素，硫黄には（　A　）が存在する。この3種類の元素はすべて（　B　）元素に属し，常温（25℃），1.01×10^5 Paで単体が気体として存在する物質の元素は，このうち（　C　）種類である。

	A	B	C
①	同素体	非金属	3
②	同素体	金属	3
③	同素体	非金属	1
④	同位体	金属	1
⑤	同位体	非金属	1

問 4　次の図は塩化ナトリウムと硝酸カリウムの溶解度(100 g の水に溶ける溶質の最大質量)と
温度の関係を表したグラフである。塩化ナトリウムと硝酸カリウムの溶解度について述べた
下の文の(A)，(B)に当てはまる語句の組合せとして正しいものはどれか。下の
①～⑤のうちから一つ選べ。解答番号は　4　。

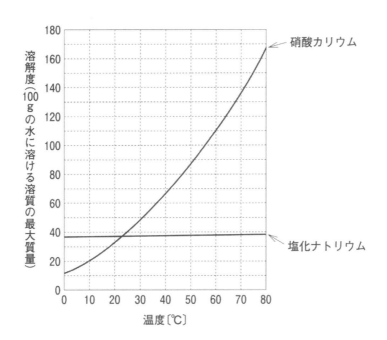

　温度による溶解度の差を利用し，ある物質だけを析出させて分離する方法を(A)とい
う。例えば，塩化ナトリウム 10 g と硝酸カリウム 90 g の混合物を 60 ℃ の水 100 g に溶か
して，温度を 30 ℃ まで下げると(B)だけが析出する。

	A	B
①	再結晶	硝酸カリウム
②	再結晶	塩化ナトリウム
③	蒸留	硝酸カリウム
④	抽出	塩化ナトリウム
⑤	抽出	硝酸カリウム

2　物質の構成粒子について，問1～問4に答えよ。

問1　次の図は原子を模式的に表したものである。例は$_2^4$He原子を表している。$_1^2$H原子のモデル図として正しいものはどれか。下の①～⑤のうちから一つ選べ。解答番号は　5　。

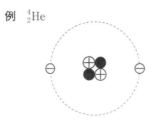

例　$_2^4$He

陽子を⊕，電子を⊖，中性子を●，K殻を破線で表したものである。

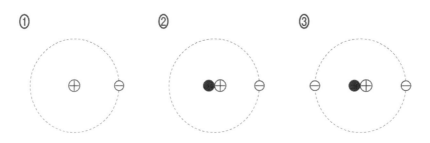

① ② ③

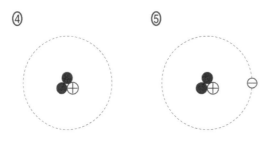

④ ⑤

問2　フッ化物イオンF⁻と同じ電子配置をもつ原子またはイオンとして正しいものはどれか。次の①～⑤のうちから一つ選べ。解答番号は　6　。

① He　　　② Li⁺　　　③ Ne　　　④ Cl⁻　　　⑤ Ca²⁺

問 3 周期表の概略図において，金属元素を表す領域を灰色 ▨ で塗りつぶした図として正し
いものはどれか。次の①～⑤のうちから一つ選べ。解答番号は □7□ 。

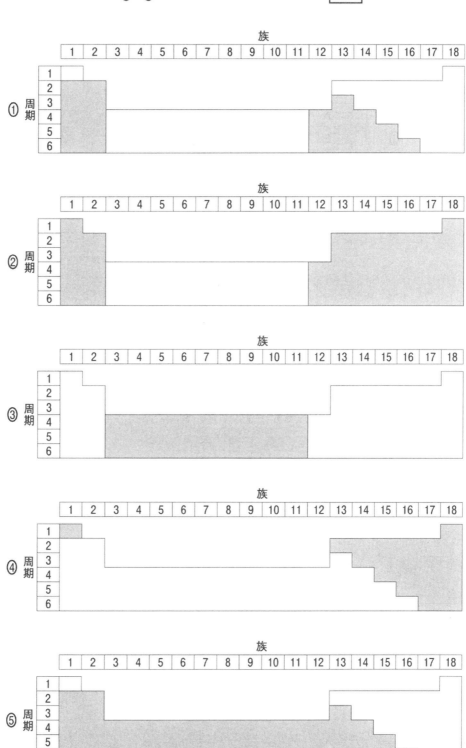

問4 イオンの生成について述べた次の文の（　A　）〜（　C　）に当てはまる数値や語句の組合せとして正しいものはどれか。下の①〜⑤のうちから一つ選べ。解答番号は　8　。

硫黄原子の価電子の数は（　A　）個であり，電子を2個（　B　），2価の（　C　）イオンになると貴ガス（希ガス）と同じ安定な電子配置になる。

	A	B	C
①	2	放出して	陰
②	2	放出して	陽
③	6	放出して	陰
④	6	受け取って	陽
⑤	6	受け取って	陰

3 物質と化学結合について，問１〜問４に答えよ。

問１ イオンからなる物質の組成式について述べた次の文の（ A ）〜（ C ）に当てはまる語句や組成式の組合せとして正しいものはどれか。下の①〜⑤のうちから一つ選べ。解答番号は 9 。

イオンからなる物質は，イオンの種類と，その数の割合を最も簡単な整数比で示した組成式で表される。イオンからなる物質では，正負の電荷がつり合い，全体として電気的に中性になっている。したがって次の関係式が成り立つ。

陽イオンの（ A ）× 陽イオンの（ B ）＝ 陰イオンの（ A ）× 陰イオンの（ B ）

ここで，Al^{3+} と O^{2-} からなる物質の組成式を考えると，Al^{3+} は３価の陽イオン，O^{2-} は２価の陰イオンであるので，組成式は（ C ）で表される。

	A	B	C
①	価数	数	Al_2O_3
②	電子の数	数	Al_2O_3
③	価数	陽子の数	Al_2O_3
④	価数	数	Al_3O_2
⑤	電子の数	陽子の数	Al_3O_2

問2 原子間の1組の共有電子対を1本の線(価標)で表した化学式を構造式という。このとき，各原子から出る線(価標)の数を原子価という。次の分子の構造式を参考にすると，**原子と原子価**の組合せとして正しいものはどれか。下の①～⑤のうちから一つ選べ。解答番号は 10 。

分子	酢酸 CH_3COOH	窒素 N_2	塩化水素 HCl
構造式	H | H－C－C－O－H | || H O	$N \equiv N$	$H－Cl$

	原子	原子価
①	H	2
②	C	4
③	N	1
④	O	1
⑤	Cl	2

問3 金属の単体について述べた文として正しいものはどれか。次の①～⑤のうちから一つ選べ。解答番号は 11 。

① 引っ張って細長く延ばすことができる性質を展性という。

② たたいて薄く広げることができる性質を延性という。

③ 熱を伝えにくい。

④ 常温(25℃)，1.01×10^5 Pa ですべて固体である。

⑤ 表面でよく光を反射し，特有の光沢(金属光沢)がある。

問 4　分子結晶の性質について述べた文として正しいものはどれか。次の①〜⑤のうちから一つ選べ。解答番号は　12　。

① 一般的にイオン結晶に比べ融点が高い。

② 一般的に共有結合の結晶に比べ硬い。

③ 分子どうしは共有結合でつながっている。

④ ドライアイスなどのように，常温で昇華しやすい物質がある。

⑤ 融解すると電気をよく導くようになる。

4 物質量と化学反応式について，**問1～問4**に答えよ。

問1 下の図において炭素原子 ^{12}C 1個の質量を12とする。この ^{12}C 6個の質量と，ある原子 X 3個の質量が同じであったとき，原子Xの相対質量として正しいものはどれか。下の①～⑤ のうちから一つ選べ。解答番号は 13 。

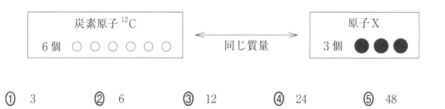

①　3　　　　　②　6　　　　　③　12　　　　　④　24　　　　　⑤　48

問2 天然のホウ素には ^{10}B (相対質量10.0) と ^{11}B (相対質量11.0) の2種類の同位体が存在する。それぞれの存在比を ^{10}B が20.0 %，^{11}B が80.0 % とすると，ホウ素の原子量として正しいものはどれか。次の①～⑤のうちから一つ選べ。解答番号は 14 。

①　10.0　　　②　10.2　　　③　10.5　　　④　10.8　　　⑤　11.0

問3 次の化学反応式はメタノール CH_4O が完全燃焼したときの反応を表したものである。（　A　）に当てはまる係数として正しいものはどれか。下の①～⑤のうちから一つ選べ。解答番号は 15 。

$$2\,CH_4O + (\quad A\quad)\,O_2 \longrightarrow 2\,CO_2 + 4\,H_2O$$

①　1　　　　　②　2　　　　　③　3　　　　　④　4　　　　　⑤　5

問 4　ある金属Mと希塩酸を反応させると化学反応式は次のようになる。

$$M + 2\,HCl \longrightarrow MCl_2 + H_2$$

　この金属M 24 g を十分な量の希塩酸と完全に反応させると，組成式 MCl_2 で表される物質と，水素が 1.0 mol ずつ生成する。この金属Mとして正しいものはどれか。次の①～⑤のうちから一つ選べ。解答番号は　16　。

① リチウム Li（原子量 7）

② マグネシウム Mg（原子量 24）

③ アルミニウム Al（原子量 27）

④ 鉄 Fe（原子量 56）

⑤ 銅 Cu（原子量 64）

5 化学反応について，問1～問4に答えよ。

問1 中和滴定について述べた次の文の（ A ）～（ C ）に当てはまる語句や数値の組合せとして正しいものはどれか。下の①～⑤のうちから一つ選べ。解答番号は 17 。

一定量の濃度のわからない酢酸水溶液に，濃度が正確にわかっている水酸化ナトリウム水溶液を滴下する。このとき，過不足なく中和するのに必要な水酸化ナトリウム水溶液の滴下量から酢酸水溶液の濃度を求めることができる。

次の図のような（ A ）とよばれる器具を用いて滴下量を測定する。この器具の目盛りは一番上が0 mL になっており，下に行くにしたがって目盛りの値は増えていく。例えば，滴下前の目盛りが6.00 mL，滴下後の目盛りが12.00 mL を示していたのであれば，滴下量は（ B ）mL となる。

この（ A ）を蒸留水でよく洗った後，内壁が水でぬれた状態で使用した場合と，乾いてから使用した場合を比べると，過不足なく中和するのに必要な水酸化ナトリウム水溶液の滴下量は（ C ）。

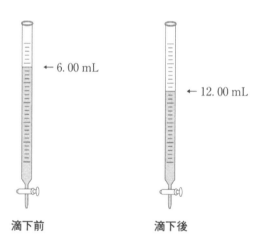

←6.00 mL

←12.00 mL

滴下前   滴下後

	A	B	C
①	ビュレット	6.00	異なる
②	ビュレット	6.00	等しい
③	ホールピペット	6.00	異なる
④	ビュレット	12.00	等しい
⑤	ホールピペット	12.00	異なる

問 2　次の表は塩とその塩のもとになった酸，塩基を示している。各塩を水に溶かした水溶液の
うち酸性を示すものはどれか。次の①～⑤のうちから一つ選べ。解答番号は　18　。

	塩	塩のもとになった酸	塩のもとになった塩基
①	塩化ナトリウム NaCl	塩酸(塩化水素)HCl	水酸化ナトリウム NaOH
②	塩化アンモニウム NH$_4$Cl	塩酸(塩化水素)HCl	アンモニア NH$_3$
③	塩化カルシウム CaCl$_2$	塩酸(塩化水素)HCl	水酸化カルシウム Ca(OH)$_2$
④	酢酸ナトリウム CH$_3$COONa	酢酸 CH$_3$COOH	水酸化ナトリウム NaOH
⑤	硫酸ナトリウム Na$_2$SO$_4$	硫酸 H$_2$SO$_4$	水酸化ナトリウム NaOH

問 3 　金属イオンを含む水溶液に，その金属よりもイオン化傾向の大きい金属を入れると，入れた金属は陽イオンになって溶け出し，水溶液中の金属イオンは金属として析出する。次の水溶液にそれぞれの金属を入れたとき，表面に金属が析出するものとして正しいものはどれか。次の①～⑤のうちから一つ選べ。解答番号は　19　。

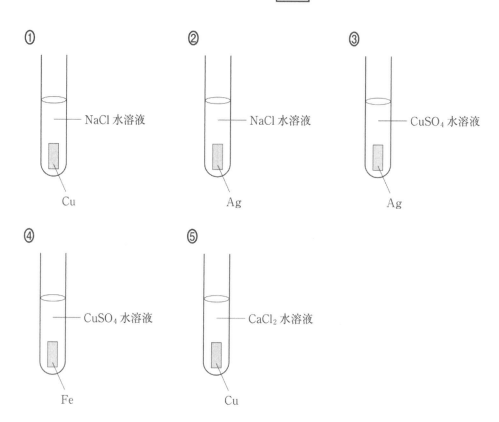

① — NaCl 水溶液 / Cu

② — NaCl 水溶液 / Ag

③ — CuSO₄ 水溶液 / Ag

④ — CuSO₄ 水溶液 / Fe

⑤ — CaCl₂ 水溶液 / Cu

※金属のイオン化列

Li > K > Ca > Na > Mg > Al > Zn > Fe > Ni > Sn > Pb > (H₂) > Cu > Hg > Ag > Pt > Au

問4 次の図は，金属単体を電極として用いた電池の構造を模式的に表したものである。この電池について述べた文として正しいものはどれか。下の①〜⑤のうちから一つ選べ。

解答番号は 20 。

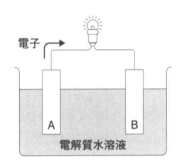

① 電極Aは正極である。

② 電極Aの金属と電極Bの金属とでは，電極Aの金属の方がイオン化傾向が小さい。

③ 電極Bでは還元反応が起こる。

④ 電極Aと電極Bに同じ金属を用いても必ず電流は流れる。

⑤ 電流の向きは図の電子の流れと同じ向きである。

令和３年度　第２回

解答・解説

【重要度の表記】

Ａ：重要度が高く確実に正答したい設問。しっかり
　復習する必要のある問題です。

Ｂ：重要度はＡレベルよりすこし下で、やや難易度
　が高い設問または内容を読み取る設問。高得点
　を狙う人は復習しましょう！

Ｃ：重要度が低い、または難解な設問。軽く復習す
　る程度でよいでしょう！

令和３年度　第２回　高卒認定試験

【　解　答　】

1	解答番号	正答	配点	2	解答番号	正答	配点	3	解答番号	正答	配点	4	解答番号	正答	配点	5	解答番号	正答	配点
問1	1	⑤	5	問1	5	②	5	問1	9	①	5	問1	13	④	5	問1	17	①	5
問2	2	①	5	問2	6	③	5	問2	10	②	5	問2	14	④	5	問2	18	②	5
問3	3	③	5	問3	7	⑤	5	問3	11	⑤	5	問3	15	⑤	5	問3	19	④	5
問4	4	①	5	問4	8	⑤	5	問4	12	④	5	問4	16	②	5	問4	20	③	5

【　解　説　】

1

問1　着色料は食品を着色します。甘味料は食品に甘みをつけます。保存料は食品中の微生物の増殖を防ぐ役割をします。乳化剤は水と油を混ぜます。食品中の脂質やタンパク質、アミノ酸、色素成分は、酸化劣化の影響を受けやすいです。脂質やアミノ酸は酸化することで特有の悪臭を放ち、色素成分が酸化されると退色します。そのため、食品の鮮度を保つために酸化防止剤を使用します。したがって、正解は⑤となります。

解答番号【1】：⑤　　⇒ 重要度A

問2　２種類以上の物質が混じり合ってできた物質を混合物といいます。１種類の物質だけでできたものを純物質といいます。乾燥空気は混合物に分類され、窒素が一番多く78％、酸素21％、残りの１％中は多い順にアルゴン＞二酸化炭素＞その他となります。ヘリウムはほとんど含まれていません。したがって、正解は①となります。

解答番号【2】：①　　⇒ 重要度A

問3　同じ元素からなるが、性質の異なる単体を同素体といいます。炭素と酸素と硫黄には同素体が存在します。炭素の同素体はダイヤモンドや黒鉛、フラーレン、カーボンナノチューブです。酸素の同素体はオゾンです。硫黄の同素体は斜方硫黄や単斜硫黄などがあります。これらは非金属元素に属します。電気や熱を導きにくい性質をもちますが、炭素の黒鉛のみ導電性があります。25℃（常温）、1.01×10^5Pa（標準気圧）で気体として存在するのは、酸素だけです。炭素と硫黄は固体です。したがって、正解は③となります。

解答番号【3】：③　　⇒ 重要度A

問4　抽出は、物質の溶媒への溶けやすさの違いを利用して、混合物から目的の物質を適切な溶媒に溶かし出して分離する操作のことをいいます。たとえば、ヨウ素とヨウ化カリウムを含む水溶液からヨウ素を分離するときに用います。蒸留とは、目的の液体を気体に変え、

これを冷却して再び液体として分離する操作のことをいいます。たとえば、塩化ナトリウム水溶液から水を分離するときに用います。図より、温度による溶解度（一定量の水に溶けうる溶質の最大量）の違いを利用していることがわかるので、Aには「再結晶」が入ります。図より、温度60℃での硝酸カリウムの溶解度は約110g、塩化ナトリウムの溶解度は約35gですので、硝酸カリウム90gと塩化ナトリウム10gは60℃の水100gに完全に溶けます。そして、温度30℃での硝酸カリウムの溶解度は約50g、塩化ナトリウムの溶解度は約35gですので、60℃から30℃に温度を下げたとき、硝酸カリウムは40g（90g－50g）溶けることができず結晶として析出します。塩化ナトリウムは、60℃から30℃に温度を下げても溶解度がほぼ変わらず、10gの溶媒は十分溶けることができるため結晶は析出しません。したがって、正解は①となります。

解答番号【4】：① ⇒ **重要度A**

2

問1 原子の構成表示（$_2^4$Heや$_1^2$H）の左上の数字は、質量数（＝陽子の数＋中性子の数）を表し、左下の数字は原子番号（＝陽子の数＝電子の数）を表しています。$_1^2$Hは原子番号が1なので、陽子の数と電子の数は1つです。質量数が2なので、中性子の数は質量数－原子番号＝2－1＝1となります。中性子が1つ、陽子が1つ、電子が1つのモデル図を選びます。したがって、正解は②となります。

解答番号【5】：② ⇒ **重要度A**

問2 各電子殻への電子の配分のされ方を電子配置といいます。フッ素FはL殻に7つの電子が配置されています。原子は、電気的に中性であり、電子を1つ受け取ると陰イオンになります。フッ化物イオンF⁻はフッ素原子より電子が1つ多いので、L殻に8つの電子が配置されています。①のHeはK殻に電子が1つです。②のリチウムイオンLi⁺は、Li原子のL殻の電子を1つ失って陽イオンになっています。よって、K殻に電子が2つです。③のネオンNe原子は、L殻に電子が8つあります。塩素Clは、L殻8つ、M殻に電子が7つあります。④の塩化物イオンCl⁻は、陰イオンなのでCl原子に電子が1つ加わるため、M殻に8つの電子があります。⑤のカルシウムCaはL殻に8つ、M殻に8つ、N殻に2つの電子があります。陽イオンであるカルシウムイオンCa²⁺はN殻の電子2つが失われ、0の電子配置となります。したがって、正解は③となります。

解答番号【6】：③ ⇒ **重要度C**

問3 金属元素は元素の約8割を占めます。①は金属元素のうち典型元素を示します。②は典型元素を示します。③は金属元素中の遷移元素を示します。④は非金属元素中の典型元素を示します。⑤は金属元素を示します。したがって、正解は⑤となります。

解答番号【7】：⑤ ⇒ **重要度A**

問4 硫黄原子はM殻に6つの価電子をもちます。あと2つ電子を受け取ると、M殻は最大の原子が収容された閉殻になります。最外殻が閉殻になると、ほかの原子と反応しにくい貴ガス（希ガス）と同じ安定した電子配置になります。電子を2つ受け取ると、2価の陰イオンとなります。したがって、正解は⑤となります。

解答番号【8】：⑤ ⇒ **重要度B**

3

問1　陽イオンと陰イオンからできるイオン結合した物質は、構成イオンの種類とその数の割合を最も簡単な整数式で示した組成式で表されます。文中にあるように、イオン結合によりできた物質は、陽イオンの正電荷の総量と陰イオンの負電荷の総量が等しく中性です。酸化アルミニウムで考えてみると、アルミニウムイオン Al^{3+} は Al より３つ電子を失って陽イオンになっているので価数は３価です。酸化物イオン O^{2-} は Al が２つ電子を受け取って陰イオンになっているので価数は２価です。全体として中性になるので、陽イオンの価数×陽イオンの数 x ＝陰イオンの価数×陰イオンの数 y という等式が成り立ちます。３×x ＝２×y となります。これより、陽イオンと陰イオンの整数比は、x：y ＝２：３となります。Al が２つ、O が３つからなるイオン結合の組成式を考えればよいので、Al_2O_3 となります。したがって、正解は①となります。

解答番号【9】：①　　⇒ **重要度B**

問2　構造式において、１つの原子より出ている価標の数が原子価です。設問中の酢酸や塩化水素の構造式を見てみると、H から出ている価標の数は１本です。酢酸の構造式より、炭素から出ている価標の数は４本です。窒素分子の構造式より、窒素から出ている価標は３本です。酢酸の構造式より、酸素の価標の数は２本です。塩化水素の構造式より、塩素の価標は１本です。したがって、正解は②となります。

解答番号【10】：②　　⇒ **重要度A**

問3　金属において、引っ張って細長く伸ばすことができる性質を延性といいます。叩いて薄く広げることができる性質を展性といいます。自由電子が熱を伝えるため、金属は熱を伝えやすいです。融点（固体から液体になる温度）は、水銀 Hg のように低いもの（－39℃）からタングステン W のように高いもの（3410℃）まであります。常温ですべて固体とは限りません。金属は、その自由電子が可視光である電磁波を反射するために光沢を示す性質があります。したがって、⑤が正解となります。

解答番号【11】：⑤　　⇒ **重要度A**

問4　多数の分子が分子間にはたらく弱い引力（分子間力）によって集合し、規則正しく配列されてできた固体を分子結晶といいます。弱い力の結合のため、融点が低く、外力に対して弱いです。イオン結晶は、結合力が比較的強いイオン結合によりできているため、融点は分子結晶より高いです。共有結合による結晶は、強い結合力によるものなので外力に対し非常に硬い性質をもっています。共有結合はイオン結合より硬いです。イオン結晶には融解して生じた液体や水溶液中ではイオンが動けるようになるため電気伝導性がありますが、分子結晶にはありません。ドライアイスは二酸化炭素の分子結晶です。昇華とは固体が液体を経ずに直接気体になる変化のことをいいます。固体のドライアイスは常温で液体を経ずに気体となります。したがって、正解は④となります。

解答番号【12】：④　　⇒ **重要度A**

4

問1　相対質量とは、基準とする原子を定め、その原子１個に対する相対的な値のことをいい

ます。この設問では、炭素原子の質量を12と定めています。相対質量は質量の比なので単位はつけません。炭素原子6個の質量とある原子X（相対質量をYとします）の3個の質量が等しいとあるので、炭素原子と原子Xの質量Yの関係は、$12 \times 6 = Y \times 3$ となります。よって、$Y = 24$ となります。したがって、正解は④となります。

解答番号【13】：④　　⇒ ■重要度A■

問2　原子番号が同じで、質量数の異なる原子を互いに同位体（アイソトープ）といいます。同位体の天然存在比から同位体の相対質量の平均値を求めます。それが原子量です。ホウ素Bの場合、相対質量の平均値（原子量）は 10（^{10}B の相対質量）× 0.2（^{10}B の天然存在比）+ 11（^{11}B の相対質量）× 0.8（^{11}B の天然存在比）= 10.8 となります。したがって、正解は④となります。

解答番号【14】：④　　⇒ ■重要度B■

問3　メタノールは有機物なので、完全燃焼すると二酸化炭素と水が生じます。反応物の化学式を左辺に、生成物の化学式を右辺に記します。左辺と右辺で原子の種類と数が等しくなるように最も簡単な整数比で化学式の前に係数をつけます。よって、左辺の酸素の数＝右辺の酸素の数で式をつくると、（$2 \times 1 + A \times 2$）=（$2 \times 2 + 4 \times 1$）となり、（$2 + 2 \times A$）= 8 となります。これを解くと、Aに入る整数は3となります。したがって、正解は③となります。

解答番号【15】：③　　⇒ ■重要度A■

問4　金属Mと塩酸（HCl）を反応させて水素 H_2 が発生しているので、金属Mは水素 H_2 よりイオン化傾向が大きい金属とわかります。よって、⑤の銅（Cu）は誤りです。次に、金属イオンの価数に注目します。Mが①のLiだとすると、Liは1価のイオンなので Li^+、塩化物イオンは1価なので Cl^- です。よって、$2Li + 2HCl = 2LiCl + H_2$ となります。③のアルミニウムでは、Alは3価のイオンなので、塩化アルミニウムイオンは、$AlCl_3$ となります。塩酸との化学反応式は、$2Al + 6HCl \rightarrow 2AlCl_3 + 3H_2$ となります。①と③は、問題文中の化学反応式右辺と原子の数が合いません。②のマグネシウムと④の鉄は、両方とも2価のイオンです。化学反応式は、$Mg + 2HCl \rightarrow MgCl_2 + H_2$、$Fe + 2HCl \rightarrow FeCl_2 + H_2$ となります。ここでの原子量とは相対質量の平均値です。原子を1 mol 集めると、原子量と同じ値の質量になります。つまり、1 mol の質量は原子量に g をつけたものです。原子量比は化学反応の量的関係比と等しくなります。問題文中に金属M24gと十分な塩酸を反応させるとあります。②のマグネシウムは原子量が24なので、マグネシウム24gと十分反応させる塩酸 HCl は、化学反応式より（$1 + 17$）× 2 = 36g 必要となり、この反応により生成する塩化マグネシウムは、$24 + 17 \times 2 = 58$g、水素は2g（1 mol）となります。④の Fe では、原子番号が56なので Fe24g を反応させる十分な塩酸は（$1 + 17$）$\times 2 \times \dfrac{24}{56}$ g となります。生成される水素は、$2 \times \dfrac{24}{56}$ g となるので、1 mol ではありません。したがって、正解は②となります。

解答番号【16】：②　　⇒ ■重要度C■

5

問1　ホールピペットとは一定の体積を正確に測り取るものです。片側に口などをつけて試薬を標線まで吸い上げます。ビュレットとは、試薬を入れ、それを滴下していくものです。滴下した溶液の体積を正確に測るものです。中和滴定で使用するのはビュレットです。滴下前の目盛りが 6.00ml, 滴下後の目盛りが 12.00ml の場合、滴下量は、12.00ml － 6.00ml ＝ 6.00ml です。どちらも内部が水で濡れていると、中に入れる水溶液の濃度が低くなります。使用する水溶液で内部を数回洗って（共洗い）、滴定に用いるようにしなければ正確な値を滴定することができません。したがって、正解は①となります。

解答番号【17】：①　　⇒ **重要度B**

問2　中和において生じる化合物を塩といいます。塩をつくる酸と塩基の組み合わせから、塩の水溶液の性質（液性）がわかります。もとになる酸と塩基の組み合わせが、強酸＋強塩基の場合は水溶液は中性に、強酸＋弱塩基の場合は水溶液は酸性に、弱酸と強塩基の場合は水溶液は塩基性になります。塩酸は強酸、酢酸は弱酸、水酸化ナトリウムは強塩基、アンモニアは弱塩基です。水溶液が酸性になるのは、強酸＋弱塩基の組み合わせなので、ここでは塩酸とアンモニアとなります。したがって、正解は②となります。

解答番号【18】：②　　⇒ **重要度B**

問3　水溶液中で金属が陽イオンになろうとする性質を金属のイオン化傾向といいます。イオン化傾向の大きい金属のほうがよりイオンになりやすいです。このとき、陽イオンになった金属は、電子を放出し（酸化）、電子を受け取った（還元した）金属イオンが分子となり析出します。つまり、金属のほうが水溶液中の金属よりイオン化傾向が大きくなると、金属がイオン化され、放出された電子と水溶液中の陽イオンがくっつき、金属の表面に別の金属が析出します。選択肢の水溶液中の金属と金属のイオン化傾向を比べた場合、水溶液中の金属イオンより金属のほうがイオン化傾向が大きいのは④のみです。水溶液中で Fe は電子を失って陽イオンになり溶液中に電子を放出し、水溶液中の Cu^{2+} イオンが電子を受け取り、Cu となり銅が析出されます。したがって、正解は④となります。

解答番号【19】：④　　⇒ **重要度B**

問4　酸化還元反応を利用して、化学エネルギーを電気エネルギーに変換する装置を化学電池といいます。電解質水溶液に、イオン化傾向の異なる2種類の金属AとBを浸し、導線で結ぶと電流が流れます。よって、④は誤りです。イオン化傾向の大きい金属が陽イオンとなり、電子を放出し、もう一方の金属の表面で水溶液中の陽イオンが電子を受け取ります。よって、電子の流れより、Aがイオン化していますので、イオン化傾向A＞Bという関係があることがわかります。よって、②は誤りです。また、電子の移動方向と電流の向きは逆です。電子が流れる電極は負極、電子が流れ込む電極は正極です。よって、①と⑤は誤りです。金属板Aは電子を放出しているので酸化反応です。金属板Bが電子を受け取るので還元反応が起こっています。したがって、正解は③となります。

解答番号【20】：③　　⇒ **重要度B**

令和3年度 第1回
高卒認定試験

化学基礎

解答時間　50分

化 学 基 礎

$$\left(\text{解答番号}\ \boxed{1}\ \sim\ \boxed{20}\ \right)$$

1 化学と人間生活について，問1～問4に答えよ。

問1 次のア～ウの文と関連の深い金属の組合せとして正しいものはどれか。下の①～⑤のうちから一つ選べ。解答番号は　 1 　。

ア 金属の中でも特に電気をよく通し，電線や10円硬貨などに使われている。

イ さびて腐食しやすいという欠点があるが，クロムやニッケルを加えて合金とすることでさびにくくすることができる。自動車の車体や鉄道のレールなどに使われている。

ウ 銀白色で，金属としてはやわらかく加工しやすい。この金属を主成分とした合金にはジュラルミンとよばれるものがあり，軽くて強いため飛行機の機体などに使われている。

	ア	イ	ウ
①	鉄	銅	アルミニウム
②	アルミニウム	鉄	銅
③	鉄	アルミニウム	銅
④	銅	鉄	アルミニウム
⑤	銅	アルミニウム	鉄

問2 次の文の（ A ）,（ B ）に当てはまる語句の組合せとして正しいものはどれか。下の①〜⑤のうちから一つ選べ。解答番号は 2 。

　非常にかたく宝石として利用されている（ A ）と，やわらかく鉛筆の芯の材料として利用されている黒鉛は，いずれも炭素からなる単体で，互いに（ B ）という。

	A	B
①	鉛	同素体
②	ダイヤモンド	同位体
③	ダイヤモンド	同族元素
④	ダイヤモンド	同素体
⑤	鉛	同位体

問3 次の図のようにして白金線に水溶液をつけ，ガスバーナーの炎（外炎）の中に入れて，炎色反応を調べる実験を行った。水溶液A〜Cに含まれる物質の組合せとして正しいものはどれか。下の①〜⑤のうちから一つ選べ。解答番号は 3 。

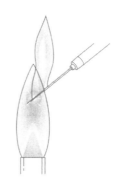

水溶液A　青緑色の炎色反応を示した。
水溶液B　炎色反応を示さなかった。
水溶液C　橙赤色の炎色反応を示した。

	水溶液A	水溶液B	水溶液C
①	塩化銅（Ⅱ）	塩化カルシウム	塩化マグネシウム
②	塩化銅（Ⅱ）	塩化マグネシウム	塩化カルシウム
③	塩化カルシウム	塩化銅（Ⅱ）	塩化マグネシウム
④	塩化マグネシウム	塩化銅（Ⅱ）	塩化カルシウム
⑤	塩化カルシウム	塩化マグネシウム	塩化銅（Ⅱ）

問 4　**ろ過**, **分留(分別蒸留)**, **再結晶**について, 分離ができるそれぞれの原理の組合せとして正しいものはどれか。次の①〜⑤のうちから一つ選べ。解答番号は　4　。

	ろ過	分留(分別蒸留)	再結晶
①	液体とその液体に溶けない固体の違い	温度による溶解度の差	沸点の差
②	成分物質の昇華性の違い	温度による溶解度の差	沸点の差
③	液体とその液体に溶けない固体の違い	沸点の差	成分物質の昇華性の違い
④	成分物質の昇華性の違い	沸点の差	温度による溶解度の差
⑤	液体とその液体に溶けない固体の違い	沸点の差	温度による溶解度の差

2 物質の構成粒子について，問１～問４に答えよ。

問１ 次の太郎先生と花子さんの二人の会話中の（　A　）～（　C　）に当てはまる語句の組合せ
として正しいものはどれか。下の①～⑤のうちから一つ選べ。解答番号は | 5 | 。

花子さん：「太郎先生。日本でつくることに成功した元素があるとニュースで聞いたんです
　　　　　　けど，それは本当ですか。」

太郎先生：「それはきっと『ニホニウム』のことですね。ニホニウムは，元素記号が Nh で原
　　　　　　子番号が 113 の元素です。日本の研究チームに元素名と元素記号の命名権が与
　　　　　　えられました。」

花子さん：「原子番号が 113 と話されましたが，どのようにつけられた番号なんですか。」

太郎先生：「原子番号は，各元素の原子がもっている（　A　）の数を示したものです。つま
　　　　　　り，ニホニウムは原子１個の中に（　A　）を 113 個もつ元素ということです。
　　　　　　また，原子番号の順に元素を左上から並べた表を周期表といい，縦の列を
　　　　　　（　B　）といいます。」

花子さん：「同じ縦の列に含まれる元素どうしには，何か共通点がありますか。」

太郎先生：「典型元素においては，同じ縦の列に含まれる元素の原子がもっている（　C　）
　　　　　　の数が同じで，そのため化学的性質が似ています。例えば，リチウムとナトリ
　　　　　　ウムは１価の陽イオンになりやすいです。」

花子さん：「そうなんですね。今度，他の元素の性質も比べてみます。」

	A	B	C
①	陽子	族	価電子
②	陽子	族	中性子
③	陽子	周期	中性子
④	中性子	周期	価電子
⑤	中性子	族	価電子

問２ 原子番号が 19 で中性子の数が 20 のカリウムの表記として正しいものはどれか。次の
①～⑤のうちから一つ選べ。解答番号は | 6 | 。

① $_{19}^{20}\mathrm{K}$ 　　② $_{19}^{20}\mathrm{Ca}$ 　　③ $_{19}^{39}\mathrm{K}$ 　　④ $_{19}^{39}\mathrm{Ca}$ 　　⑤ $_{39}^{19}\mathrm{K}$

問 3 次の表は原子の電子殻とその電子殻に収容される電子の最大の個数を示したものである。内側から n 番目の電子殻に収容される電子の最大の個数を表す式として正しいものはどれか。下の①〜⑤のうちから一つ選べ。解答番号は　7　。

電子殻	収容される電子の最大の個数
K殻($n = 1$)	2 個
L殻($n = 2$)	8 個
M殻($n = 3$)	18 個
N殻($n = 4$)	32 個

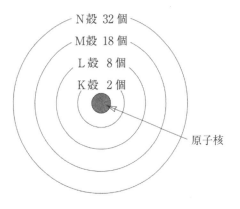

N殻 32 個
M殻 18 個
L殻 8 個
K殻 2 個

原子核

①　n 　　　②　$2n$ 　　　③　$\dfrac{1}{n}$ 　　　④　$2n^2$ 　　　⑤　$n + 1$

問 4 アルカリ金属であるナトリウム Na の単体について，次のア，イの実験を行った。その結果から考えられるナトリウムの単体を保存する方法として最も適当なものはどれか。下の①〜⑤のうちから一つ選べ。解答番号は　8　。

ア　乾燥した空気中に放置したら，表面が酸化された。

イ　水でぬらしたろ紙の上に置いたら，激しく反応した。

①　紙に包んで保存する。

②　水を満たしたビンの中で保存する。

③　ふたをせずにビンの中で保存する。

④　酸素を満たしたビンの中で保存する。

⑤　灯油を満たしたビンの中で保存する。

令和3年度第1回試験

3 物質と化学結合について，問1～問4に答えよ。

問1 イオン結合でできた**物質**とその**特徴・利用や用途**の組合せとして正しいものはどれか。次の①～⑤のうちから一つ選べ。解答番号は 9 。

	物質	特徴・利用や用途
①	炭酸カルシウム	水溶液は石灰水といい，二酸化炭素の検出に利用される。
②	塩化カルシウム	貝殻や卵の殻の主成分で，チョークの原料として利用される。
③	塩化ナトリウム	貝殻や卵の殻の主成分で，チョークの原料として利用される。
④	塩化カルシウム	水溶液は石灰水といい，二酸化炭素の検出に利用される。
⑤	炭酸カルシウム	貝殻や卵の殻の主成分で，チョークの原料として利用される。

問2 二重結合を含む分子はどれか。次の①～⑤のうちから一つ選べ。解答番号は 10 。

① 水 H_2O
② メタン CH_4
③ 二酸化炭素 CO_2
④ 窒素 N_2
⑤ 塩化水素 HCl

問3 次の5つの物質の結晶で，電気を通すものは全部でいくつあるか。下の①～⑤のうちから一つ選べ。解答番号は 11 。

塩化ナトリウム　　銅　　黒鉛　　ドライアイス　　ダイヤモンド

① 1つ　　　② 2つ　　　③ 3つ　　　④ 4つ　　　⑤ 5つ

問 4 金属結晶について述べた次の文の（ **A** ）～（ **C** ）に当てはまる語句の組合せとして正しいものはどれか。下の①～⑤のうちから一つ選べ。解答番号は　12　。

　　結晶内の金属原子の価電子はもとの原子に固定されず，金属内を自由に動くことができる。このような電子を（ **A** ）という。この（ **A** ）によって，外部から強い力を加えることにより原子の配列が変化しても結合が保たれる。そのことにより，（ **B** ）とよばれる金箔のように薄くひろげられる性質や，（ **C** ）とよばれる針金のように引き延ばせる性質を示す。

	A	B	C
①	不対電子	展性	極性
②	自由電子	延性	展性
③	不対電子	極性	延性
④	自由電子	極性	展性
⑤	自由電子	展性	延性

4 物質量と化学反応式について，問1〜問4に答えよ。

問1 1.0 mol の質量が同じ物質の組合せとして正しいものはどれか。次の①〜⑤のうちから
一つ選べ。ただし，原子量は H = 1.0，C = 12，O = 16 とする。解答番号は 13 。

① C_2H_6 と CH_2O

② CH_4O と C_2H_6

③ CH_2O と C_2H_4

④ C_2H_4 と CH_4O

⑤ C_2H_4 と C_2H_6

問2 1.0 mol の塩化カルシウム $CaCl_2$ に含まれる塩化物イオン Cl^- の物質量はどれか。次の
①〜⑤のうちから一つ選べ。解答番号は 14 。

① 0.33 mol ② 0.67 mol ③ 1.0 mol ④ 2.0 mol ⑤ 3.0 mol

問3 次の化学反応式の（ A ），（ B ）に当てはまる係数の組合せとして正しいものはどれ
か。下の①〜⑤のうちから一つ選べ。解答番号は 15 。

$$C_2H_4 + (\text{ A })O_2 \longrightarrow (\text{ B })CO_2 + 2H_2O$$

	A	B
①	2	1
②	3	2
③	3	3
④	4	1
⑤	6	2

問 4　ビーカーに入れたショ糖2.0 gに，水98 gを加えて水溶液をつくった。この水溶液の
　　　質量パーセント濃度はどれか。次の①～⑤のうちから一つ選べ。解答番号は　16　。

　　　① 　0.020 %　　　② 　0.050 %　　　③ 　2.0 %　　　④ 　5.0 %　　　⑤ 　20 %

5 化学反応について，問1～問4に答えよ。

問 1 次のグラフは，濃度不明の酢酸水溶液 10 mL を 0.10 mol/L 水酸化ナトリウム水溶液で滴
定したときの滴定曲線である。中和点を知るための指示薬として適切なものを A～C の中か
らすべて選ぶとき正しいものはどれか。下の①～⑤のうちから一つ選べ。

解答番号は 17 。

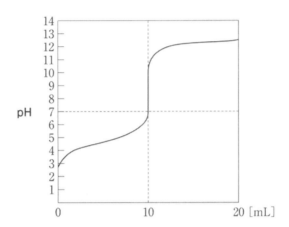

滴下した水酸化ナトリウム水溶液の体積

A フェノールフタレイン（変色域 pH 8.0 ～ 9.8）

B メチルオレンジ（変色域 pH 3.1 ～ 4.4）

C メチルレッド（変色域 pH 4.2 ～ 6.2）

① A のみ   ② B のみ   ③ C のみ   ④ A と B   ⑤ B と C

問 2 うすい水溶液中で 2 価の強酸に分類される物質はどれか。次の①～⑤のうちから一つ選
べ。解答番号は 18 。

① 塩化水素 HCl

② 酢酸 CH_3COOH

③ 硫酸 H_2SO_4

④ アンモニア NH_3

⑤ 水酸化カルシウム $Ca(OH)_2$

問 3 次の文の（　A　），（　B　）に当てはまる語句の組合せとして正しいものはどれか。下の①～⑤のうちから一つ選べ。解答番号は　19　。

　　鉄は日常生活で非常に多く使用されている金属であるが，（　A　）されやすい。そこで鉄の表面を別の金属で覆うことにより（　A　）を防ぐめっきという方法がある。鉄の表面を亜鉛の薄膜でめっきしたものを（　B　）といい，屋根などに利用されている。

	A	B
①	酸化	アルミナ
②	酸化	トタン
③	還元	アルミナ
④	還元	トタン
⑤	中和	アルミナ

問 4 下線部の原子１個の酸化数が +2 であるものはどれか。次の①～⑤のうちから一つ選べ。解答番号は　20　。

① $\underline{Cu}O$　　　② $\underline{O_2}$　　　③ $\underline{H_2}O$　　　④ $\underline{Fe}^{3+}$　　　⑤ $\underline{S}O_4{}^{2-}$

令和３年度　第１回

解答・解説

令和3年度 第1回 高卒認定試験

【 解 答 】

1	解答番号	正答	配点	2	解答番号	正答	配点	3	解答番号	正答	配点	4	解答番号	正答	配点	5	解答番号	正答	配点
問1	1	④	5	問1	5	①	5	問1	9	⑤	5	問1	13	①	5	問1	17	①	5
問2	2	④	5	問2	6	③	5	問2	10	③	5	問2	14	④	5	問2	18	④	5
問3	3	②	5	問3	7	④	5	問3	11	②	5	問3	15	②	5	問3	19	②	5
問4	4	⑤	5	問4	8	⑤	5	問4	12	⑤	5	問4	16	③	5	問4	20	①	5

【 解 説 】

1

問1　アの銅は銀に次いで電気や熱をよく伝えます。そのため、電線に使われています。また、1円硬貨以外の硬貨の材料としても使用されています。イの鉄は、湿った空気中で酸化されやすく酸素や水と反応して、表面に赤褐色のさびを生じます。クロム、ニッケル、鉄の合金はステンレス鋼と呼ばれています。腐食に耐性のある合金です。流し台や包丁などに用いられています。ウのジュラルミンは、アルミニウムを主成分とし、銅・マグネシウム・マンガンを加えてつくられる合金です。銀白色で軽く柔らかく展性に優れているのはアルミニウムです。したがって、正解は④となります。

解答番号【1】：④ ⇒ 重要度A

問2　同じ元素からなるが、性質の異なる単体を同素体といいます。炭素の同素体は、ダイヤモンド、鉛筆の芯である黒鉛があります。そのほかに、フラーレンやカーボンナノチューブもあり、これらは半導体や太陽電池の材料として期待されています。したがって、正解は④となります。

解答番号【2】：④ ⇒ 重要度A

問3　物質を炎の中に入れたとき、その成分元素に特有の発色を見られる現象を炎色反応といいます。炎の熱で金属中の電子がエネルギーの低い状態から高い状態に高められます。しかし、エネルギーが高い状態というのは安定しないため、すぐに低い状態に戻ってしまいます。このとき、余分なエネルギーが光として放出されます。このエネルギーがちょうど可視光線の波長のとき、炎色反応が見られます。可視光線以外のとき、炎の色は見えません。これは元素により異なります。主な炎色反応は、Li 赤・Na 黄・K 紫・Cu 緑・Ca 橙・Sr 紅・Ba 黄緑です。水溶液Aは青緑色の炎なので銅、水溶液Cは橙赤色の炎なのでカルシウムです。水溶液Bは炎色反応を示しません。炎色反応を示さない金属はマグネシウムです。したがって、正解は②となります。

解答番号【3】：② ⇒ 重要度B

問4　ろ過とは、水などの液体とそれに溶けない固体の混合物をろ紙などを用いて分離する操作のことです。分留とは、液体どうしの混合物を加熱して目的の液体を気体に変え、これを冷却して再び液体として分離する操作のことです。再結晶とは、物質の溶解度（ある水に溶けうる溶質の最大量）が温度によって異なることを利用して、固体に含まれる少量の不純物を取り除き、より純粋な物質を得る操作のことです。したがって、正解は⑤となります。

　　　解答番号【4】：⑤　　⇒重要度A

2

問1　ニホニウム Nh は 2016 年に理化学研究所により発表されました。原子番号 113 の元素です。新元素合成には原子核どうしの反発に打ち勝って合体させねばなりません。反発力が最小限になるような原子どうしの組み合わせとして亜鉛 Zn（原子番号 30）とビスマス Bi（原子番号 83）が選ばれました。その原子核を光速の 10％まで加速し衝突させて新元素を合成しました。それぞれの原子番号を足すと 30 + 83 = 113 とニホニウムの原子番号になります。原子番号とは陽子の数を表しています。つまり、ニホニウムは原子 1 個のなかに陽子を 113 個もっています。周期表の縦の列を族といい、横の列を周期といいます。同じ族の元素を同族元素といい、価電子の数（最外殻電子の数）が同じです。これらは互いに化学的性質が似ていることが多いです。そのなかでも、とくに性質がよく似ている同族元素はリチウムやナトリウムなどのアルカリ金属やハロゲンなどと名称が付けられています。したがって、正解は①となります。

　　　解答番号【5】：①　　⇒重要度A

問2　カリウムの元素記号は K です。Ca はカルシウムです。原子番号と陽子の数は等しいです。原子番号は元素記号の左下に記されます。問題文中より、原子番号は 19 ですので選択肢は①〜④に絞られます。質量数は陽子の数＋中性子の数となり、元素記号の左上に記されます。質量数は、陽子の数 19 ＋中性子の数 20 ＝ 39 となります。したがって、正解は③となります。

　　　解答番号【6】：③　　⇒重要度A

問3　電子殻に収容できる電子の最大個数は、表より $n = 1$ のとき 2、$n = 2$ のとき 8……とわかります。これを選択肢の一般式に当てはめていきます。まず、K 殻の $n = 1$ を代入します。選択肢①は $n = 1$、②は $2 \times 1 = 2$、③は $\frac{1}{n} = \frac{1}{2}$、④は $2n^2 = 2 \times 1^2 = 2$、⑤は $n + 1 = 2$ となります。これらより電子の最大個数が 2 になるのは②・④・⑤とわかります。次に、②・④・⑤に L 殻の $n = 2$ を代入します。②は $2n = 2 \times 2 = 4$、④は $2n^2 = 2 \times 2^2 = 8$、⑤は $n + 1 = 2 + 1 = 3$ となります。$n = 2$ のとき、電子の最大個数が 8 になるのは④のみです。つまり、内側から n 番目の電子殻に収容される電子の最大数は $2n^2$ です。したがって、正解は④となります。

　　　解答番号【7】：④　　⇒重要度B

問4　アルカリ金属であるナトリウム Na の単体は、アとイの実験結果より、水や空気中の酸素と容易に反応することがわかります。つまり、強い還元作用を示します。これは、アル

カリ金属が価電子を1個もち、イオン化エネルギーが小さく、価電子を1個放出して1価の陽イオンになりやすいという特徴をもっているためです。そのため、空気中の水や酸素に触れないように灯油中に保存する必要があります。したがって、正解は⑤となります。

解答番号【8】：⑤　⇒ 重要度A

3

問1　イオン結合とは、陽イオンと陰イオンの間に静電気力（クーロン力）によって生じる結合のことです。陽性の強い金属イオンと陰性の強い非金属元素のイオンとの間に生じやすい結合です。硬いが割れやすいという性質があります。選択肢はすべてイオン結合です。②と④の塩化カルシウム（$CaCl_2$）は、吸湿性が極めて強いため乾燥剤や除湿剤に用いられます。また、電離すると粒子の数が3倍になるため、凝固点降下（たとえば、食塩水が0度以下で凝固すること）を利用して道路の凍結防止剤としても用いられます。③の塩化ナトリウム（$NaCl$）は調味料として使われている塩です。二酸化炭素の検出に用いられる石灰水は、水酸化カルシウム（$Ca(OH)_2$）の飽和水溶液です。粉末は消石灰とも呼ばれています。①と⑤の炭酸カルシウム（$CaCO_3$）は、チョークやセメント、歯磨き粉などに利用されています。貝殻や卵の殻、大理石、石灰石の主成分です。したがって、正解は⑤となります。

解答番号【9】：⑤　⇒ 重要度B

問2　いくつかの原子が結びついたものを分子といいます。このとき、原子は電子を共有することにより結合します。これを共有結合といいます。このときの結びつきの手を価標といいます。この価標の本数は原子により決まっています。水素は1本、酸素は2本、窒素は3本、炭素は4本です。1組の電子（価標）で共有されているものを単結合といい、2組の電子（価標）で共有されているものを二重結合といいます。構造式を描いて考えるとわかりやすいです。①の水は、水素2つと酸素1つが結びついています。水素の手は1つで酸素の手は2つなので、これらは単結合です。②のメタンは、炭素1つと水素4つが結びついています。炭素は4つ価標を出しますので、それぞれの手に水素から出る価標1つと結びついています。よって、単結合です。③の二酸化炭素は、酸素2つと炭素1つの結合です。酸素の価標は2で炭素の価標は4なので、1つの酸素と炭素は2つの手でつながっています。よって、二重結合です。④の窒素は、2つの窒素からそれぞれ3つの価標が出て結びついているので三重結合です。⑤の塩化水素は、水素と塩素それぞれ1つの価標が結びついているので単結合です。したがって、正解は③となります。

解答番号【10】：③　⇒ 重要度B

問3　電気を通すのは一般的に自由電子が電気を伝える金属結合の物質です。塩化ナトリウムはイオン結合、銅は金属結合、ドライアイス（二酸化炭素）は分子結合、ダイヤモンド（炭素）は共有結合です。黒鉛は共有結合です。一般的な共有結合は、電気伝導性はよくないのですが、黒鉛の場合は最外殻の4個の価電子のうち3個を使って正六角形が連なった平面構造をつくり残り1個の価電子が平面構造内を移動することができます。平面構造どうしは分子間力で弱く結合して層状に連なっています。これにより、黒鉛には電気が通ります。同じ炭素の同素体であるダイヤモンドやフラーレンやカーボンナノチューブは共有結合ですが、電気を導きません。よって、電気が通るのは銅と黒鉛の2つです。したがって、正解は②となります。

解答番号【11】：②　　⇒ 重要度A

問4　原子に固定されず金属内を自由に動き回ることができる電子を自由電子といいます。外力によって原子の位置がずれても、自由電子によって金属結合が保たれるため、金属は割れずに変形することができます。不対電子とは、原子を電子式で表したとき、最外殻電子が対にならない電子のことです。金箔のように薄く広げられる性質を展性といいます。また、針金のように細く引き延ばせる性質を延性といいます。金属のなかでは、金が最も展性と延性に優れています。金1gは、厚さ100nmの箔に、約3000mの線にできます。したがって、正解は⑤となります。

解答番号【12】：⑤　　⇒ 重要度A

4

問1　1molとは、6.02×10^{23} 個の構成粒子の集団のことです。この数は炭素原子Cが質量12gあるときの原子の数です。炭素原子の原子量は12なので、これを基準に考えると、その他の原子の質量は原子量と等しくなります。分子の質量も同じように考えることができます。1molの分子の質量は分子量と等しくなります。分子量とは、分子式に基づいて、構成元素の原子量の総和により求められます。C_2H_6（エタン）を考えます。原子量は、C＝12、H＝1なので、$C_2H_6 = 12 \times 2 + 1 \times 6 = 30$ となります。CH_2O（ホルムアルデヒド）は、$CH_2O = 12 \times 1 + 1 \times 2 + 16 \times 1 = 30$ となります。どちらも質量は1molあたり30gで同じです。エタンは天然ガスの成分です。ホルムアルデヒドの水溶液は防腐作用があるホルマリンです。C_2H_4（エチレン）は $12 \times 2 + 1 \times 4 = 28$、$CH_4O$（メタノール）は $12 \times 1 + 1 \times 4 + 16 = 32$ となります。エチレンは植物ホルモンであり、果実を成熟させる作用があります。メタノールはアルコールランプの燃料として使われています。これらのような炭素を骨格とした化合物は有機化合物と呼ばれています。したがって、正解は①となります。

解答番号【13】：①　　⇒ 重要度A

問2　イオンの物質量はそのイオン式の中の原子量の総和で求められます。イオンは電子の数の増減があります。しかし、電子の質量は原子の質量に対して極めて小さいため無視できます。よって、イオンの質量は原子の質量と等しいと考えることができます。塩化物カルシウム $CaCl_2$ は、Ca^{2+} 1つと Cl^- 2つが結合して $CaCl_2$ が1つできています。つまり、物質量の比は $CaCl_2 : CA^{2+} : Cl^- = 1 : 1 : 2$ となります。よって、1molの $CaCl_2$ は、1molの Ca^{2+} と2molの Cl^- から成り立ちます。したがって、正解は④となります。

解答番号【14】：④　　⇒ 重要度B

問3　化学反応式の係数は、左辺と右辺で原子の種類と数が等しくなるように、最も簡単な整数比で考えていきます。設問の化学反応式を見ていきます。右辺の酸素Oの数は、CO_2 の2個と H_2O の1個より、（B）$\times 2 + 2 \times 1$ です。左辺の酸素Oの数は2個なので、（A）$\times 2$ です。つまり、$2 \times$（A）$= 2 \times$（B）$+ 2$ が成り立つ最も簡単な整数比を考えると、A＝3、B＝2となります。したがって、正解は②となります。

解答番号【15】：②　　⇒ 重要度A

問4　質量パーセント濃度＝ {溶質の質量／（溶媒の質量＋溶質の質量）} × 100 で求めることができます。溶かしている液体を溶媒、溶けている物質を溶質といいます。溶質が 2.0g、溶媒が 98g なので、この水溶液の濃度は $\dfrac{2.0}{98 + 2.0} \times 100 = 0.2\%$ となります。したがって、正解は③となります。

解答番号【16】：③　　⇒ 重要度A

5

問1　グラフでは、滴下した水酸化ナトリウムの体積 10mL 付近で、中和滴定曲線はほぼ垂直になっています。この部分が酸性から塩基性に切り替わる中和点となります。この垂直部分に変色域が含まれる指示薬を加えて滴定を行うと、水溶液の色の変化から中和点を知ることができます。グラフの中和点付近（NaOH = 10 m L）での pH は 7 ～ 10 付近です。この変色域にあたる指示薬はAのフェノールフタレインのみです。したがって、正解は①となります。

解答番号【17】：①　　⇒ 重要度B

問2　価数とは、化学式中で水素イオン H^+ になることができる H の数、または水酸化物イオン OH^- になることができる OH の数のことをいいます。塩化水素 HCl は H^+ になることができる H の数は 1 です。よって、1 価の酸です。酢酸 CH_3COOH は、H^+ になることができる H の数は 1 つなので 1 価の酸です。同様に見ていくと、硫酸 H_2SO_4 は 2 価の酸です。アンモニア NH_3 は、分子内に水酸化物イオン OH^- をもちませんが、水溶液中では $NH_3 + H_2O \rightleftarrows NH_4^{+} + OH^-$ となり、OH^- を 1 つ生じます。よって、1 価の塩基です。水酸化カルシウム $Ca(OH)_2$ は、OH^- を 2 つつくることができるので 2 価の塩基です。強酸か弱酸かは水溶液中での電離度によって決まります。電離度が 1 に近い場合（濃度によらず水溶液中でほぼ完全に電離する）は強酸、電離度が小さい場合（濃度を高くすると水溶液中で一部しか電離しない）は弱酸となります。塩化水素 HCl と硫酸 H_2SO_4 は強酸、アンモニア NH_3 は弱塩基、水酸化カルシウム $Ca(OH)_2$ は強塩基です。酸と塩基の強弱は価数の大小には関係しません。したがって、正解は③となります。

解答番号【18】：③　　⇒ 重要度C

問3　物質が酸素原子を受け取ることを酸化されるといいます。また、物質が酸素原子を失ったとき、物質は還元されるといいます。鉄は、空気中の酸素と反応して酸化され、さびを生じます。鉄の表面をほかの金属の薄膜で覆うことをめっきといいます。トタンは鉄に亜鉛でめっきしたものです。表面に形成される酸化被膜によって鉄の酸化を防いでいます。めっきに傷がつき、鉄が露出した場合でも、鉄よりイオン化傾向が大きい亜鉛が酸化されて陽イオンとなるので、鉄の酸化を防ぐことができます。アルミナとは、アルミニウムの粉末を酸素中で加熱して生成した酸化アルミニウム Al_2O_3 のことです。純粋なものは無色透明です。アルミナに微量の不純物（クロムイオンやチタンイオン）を含んだものが宝石であるルビーやサファイアです。したがって、正解は②となります。

解答番号【19】：②　　⇒ 重要度A

問4　酸化数は原子の酸化の程度を表すものです。単体中の原子の状態を 0 として、これより

も電子を失った（酸化された）とみなせる状態を正の値で、受け取った（還元された）とみなせる状態を負の値で示します。また、酸素原子の酸化数を－2、水素原子の酸化数は＋1とします。CuO において、O の酸化数が－2なので、化合物中の酸化数の総和を0とするためには、Cu の酸化数は＋2となります。O_2 は単体中の原子なので、酸化数は0です。H_2O では、酸素の酸化数が－2なので、総和を0にするには水素の酸化数は＋1となります。Fe^{3+} では、単原子イオン中の原子の酸化数は、イオンの電荷に等しいので、＋3となります。SO_4^{2-} では、酸素イオンの酸化数が－2×4＝－8なので、イオンの電荷－2と等しくなるような S の酸化数は＋6となります。したがって、正解は①となります。

解答番号【20】：①　　　⇒ **重要度B**

第　回　高等学校卒業程度認定試験

化学基礎　解答用紙

氏名

年号

年号	
明治	M
大正	T
昭和	S
平成	H

生年月日 ⇒

受験番号 ⇒

（注意事項）
1. 記入はすべてHBまたはHBの黒色鉛筆を使用してください。
2. 訂正するときは、プラスチックの消しゴムで丁寧に消し、消しくずを残さないでください。
3. 所定の記入欄以外には何も記入しないでください。
4. 解答用紙を汚したり、折り曲げたりしないでください。
5. マーク例

良い例　●
悪い例　○ ◑ ◐ ◉ ◓ ◴

受験地

北海道 ○	滋賀 ○
青森 ○	京都 ○
岩手 ○	大阪 ○
宮城 ○	兵庫 ○
秋田 ○	奈良 ○
山形 ○	和歌山 ○
福島 ○	鳥取 ○
茨城 ○	島根 ○
栃木 ○	岡山 ○
群馬 ○	広島 ○
埼玉 ○	山口 ○
千葉 ○	徳島 ○
東京 ○	香川 ○
神奈川 ○	愛媛 ○
新潟 ○	高知 ○
富山 ○	福岡 ○
石川 ○	佐賀 ○
福井 ○	長崎 ○
山梨 ○	熊本 ○
長野 ○	大分 ○
岐阜 ○	宮崎 ○
静岡 ○	鹿児島 ○
愛知 ○	沖縄 ○
三重 ○	

解答欄（解答番号 1〜15）

解答番号	解答欄 1234567890
1	①②③④⑤⑥⑦⑧⑨⓪
2	①②③④⑤⑥⑦⑧⑨⓪
3	①②③④⑤⑥⑦⑧⑨⓪
4	①②③④⑤⑥⑦⑧⑨⓪
5	①②③④⑤⑥⑦⑧⑨⓪
6	①②③④⑤⑥⑦⑧⑨⓪
7	①②③④⑤⑥⑦⑧⑨⓪
8	①②③④⑤⑥⑦⑧⑨⓪
9	①②③④⑤⑥⑦⑧⑨⓪
10	①②③④⑤⑥⑦⑧⑨⓪
11	①②③④⑤⑥⑦⑧⑨⓪
12	①②③④⑤⑥⑦⑧⑨⓪
13	①②③④⑤⑥⑦⑧⑨⓪
14	①②③④⑤⑥⑦⑧⑨⓪
15	①②③④⑤⑥⑦⑧⑨⓪

解答欄（解答番号 16〜30）

解答番号	解答欄 1234567890
16	①②③④⑤⑥⑦⑧⑨⓪
17	①②③④⑤⑥⑦⑧⑨⓪
18	①②③④⑤⑥⑦⑧⑨⓪
19	①②③④⑤⑥⑦⑧⑨⓪
20	①②③④⑤⑥⑦⑧⑨⓪
21	①②③④⑤⑥⑦⑧⑨⓪
22	①②③④⑤⑥⑦⑧⑨⓪
23	①②③④⑤⑥⑦⑧⑨⓪
24	①②③④⑤⑥⑦⑧⑨⓪
25	①②③④⑤⑥⑦⑧⑨⓪
26	①②③④⑤⑥⑦⑧⑨⓪
27	①②③④⑤⑥⑦⑧⑨⓪
28	①②③④⑤⑥⑦⑧⑨⓪
29	①②③④⑤⑥⑦⑧⑨⓪
30	①②③④⑤⑥⑦⑧⑨⓪

解答欄（解答番号 31〜45）

解答番号	解答欄 1234567890
31	①②③④⑤⑥⑦⑧⑨⓪
32	①②③④⑤⑥⑦⑧⑨⓪
33	①②③④⑤⑥⑦⑧⑨⓪
34	①②③④⑤⑥⑦⑧⑨⓪
35	①②③④⑤⑥⑦⑧⑨⓪
36	①②③④⑤⑥⑦⑧⑨⓪
37	①②③④⑤⑥⑦⑧⑨⓪
38	①②③④⑤⑥⑦⑧⑨⓪
39	①②③④⑤⑥⑦⑧⑨⓪
40	①②③④⑤⑥⑦⑧⑨⓪
41	①②③④⑤⑥⑦⑧⑨⓪
42	①②③④⑤⑥⑦⑧⑨⓪
43	①②③④⑤⑥⑦⑧⑨⓪
44	①②③④⑤⑥⑦⑧⑨⓪
45	①②③④⑤⑥⑦⑧⑨⓪

キリトリ線

化学基礎 解答用紙

氏 名

（注意事項）

1. 記入はすべてHBまたはHBの黒色鉛筆を使用してください。
2. 訂正するときは、プラスチックの消しゴムで丁寧に消し、消しくずを残さないでください。
3. 所定の記入欄以外には何も記入しないでください。
4. 解答用紙を汚したり、折り曲げたりしないでください。
5. マーク例

良い例	悪い例
●	◐ ◑ ◓ ◒ ◍

受験地

受	験	地			
北海道	○		滋 賀	○	
青 森	○		京 都	○	
岩 手	○		大 阪	○	
宮 城	○		兵 庫	○	
秋 田	○		奈 良	○	
山 形	○		和歌山	○	
福 島	○		鳥 取	○	
茨 城	○		島 根	○	
栃 木	○		岡 山	○	
群 馬	○		広 島	○	
埼 玉	○		山 口	○	
千 葉	○		徳 島	○	
東 京	○		香 川	○	
神奈川	○		愛 媛	○	
新 潟	○		高 知	○	
富 山	○		福 岡	○	
石 川	○		佐 賀	○	
福 井	○		長 崎	○	
山 梨	○		熊 本	○	
長 野	○		大 分	○	
岐 阜	○		宮 崎	○	
静 岡	○		鹿児島	○	
愛 知	○		沖 縄	○	
三 重	○				

受験番号 →

年号		
明治（M）		
大正（T）		
昭和（S）		
平成（H）		

生年月日 →

解答番号	解 答 欄 1 2 3 4 5 6 7 8 9 0
1	① ② ③ ④ ⑤ ⑥ ⑦ ⑧ ⑨ ⑩
2	① ② ③ ④ ⑤ ⑥ ⑦ ⑧ ⑨ ⑩
3	① ② ③ ④ ⑤ ⑥ ⑦ ⑧ ⑨ ⑩
4	① ② ③ ④ ⑤ ⑥ ⑦ ⑧ ⑨ ⑩
5	① ② ③ ④ ⑤ ⑥ ⑦ ⑧ ⑨ ⑩
6	① ② ③ ④ ⑤ ⑥ ⑦ ⑧ ⑨ ⑩
7	① ② ③ ④ ⑤ ⑥ ⑦ ⑧ ⑨ ⑩
8	① ② ③ ④ ⑤ ⑥ ⑦ ⑧ ⑨ ⑩
9	① ② ③ ④ ⑤ ⑥ ⑦ ⑧ ⑨ ⑩
10	① ② ③ ④ ⑤ ⑥ ⑦ ⑧ ⑨ ⑩
11	① ② ③ ④ ⑤ ⑥ ⑦ ⑧ ⑨ ⑩
12	① ② ③ ④ ⑤ ⑥ ⑦ ⑧ ⑨ ⑩
13	① ② ③ ④ ⑤ ⑥ ⑦ ⑧ ⑨ ⑩
14	① ② ③ ④ ⑤ ⑥ ⑦ ⑧ ⑨ ⑩
15	① ② ③ ④ ⑤ ⑥ ⑦ ⑧ ⑨ ⑩

解答番号	解 答 欄 1 2 3 4 5 6 7 8 9 0
16	① ② ③ ④ ⑤ ⑥ ⑦ ⑧ ⑨ ⑩
17	① ② ③ ④ ⑤ ⑥ ⑦ ⑧ ⑨ ⑩
18	① ② ③ ④ ⑤ ⑥ ⑦ ⑧ ⑨ ⑩
19	① ② ③ ④ ⑤ ⑥ ⑦ ⑧ ⑨ ⑩
20	① ② ③ ④ ⑤ ⑥ ⑦ ⑧ ⑨ ⑩
21	① ② ③ ④ ⑤ ⑥ ⑦ ⑧ ⑨ ⑩
22	① ② ③ ④ ⑤ ⑥ ⑦ ⑧ ⑨ ⑩
23	① ② ③ ④ ⑤ ⑥ ⑦ ⑧ ⑨ ⑩
24	① ② ③ ④ ⑤ ⑥ ⑦ ⑧ ⑨ ⑩
25	① ② ③ ④ ⑤ ⑥ ⑦ ⑧ ⑨ ⑩
26	① ② ③ ④ ⑤ ⑥ ⑦ ⑧ ⑨ ⑩
27	① ② ③ ④ ⑤ ⑥ ⑦ ⑧ ⑨ ⑩
28	① ② ③ ④ ⑤ ⑥ ⑦ ⑧ ⑨ ⑩
29	① ② ③ ④ ⑤ ⑥ ⑦ ⑧ ⑨ ⑩
30	① ② ③ ④ ⑤ ⑥ ⑦ ⑧ ⑨ ⑩

解答番号	解 答 欄 1 2 3 4 5 6 7 8 9 0
31	① ② ③ ④ ⑤ ⑥ ⑦ ⑧ ⑨ ⑩
32	① ② ③ ④ ⑤ ⑥ ⑦ ⑧ ⑨ ⑩
33	① ② ③ ④ ⑤ ⑥ ⑦ ⑧ ⑨ ⑩
34	① ② ③ ④ ⑤ ⑥ ⑦ ⑧ ⑨ ⑩
35	① ② ③ ④ ⑤ ⑥ ⑦ ⑧ ⑨ ⑩
36	① ② ③ ④ ⑤ ⑥ ⑦ ⑧ ⑨ ⑩
37	① ② ③ ④ ⑤ ⑥ ⑦ ⑧ ⑨ ⑩
38	① ② ③ ④ ⑤ ⑥ ⑦ ⑧ ⑨ ⑩
39	① ② ③ ④ ⑤ ⑥ ⑦ ⑧ ⑨ ⑩
40	① ② ③ ④ ⑤ ⑥ ⑦ ⑧ ⑨ ⑩
41	① ② ③ ④ ⑤ ⑥ ⑦ ⑧ ⑨ ⑩
42	① ② ③ ④ ⑤ ⑥ ⑦ ⑧ ⑨ ⑩
43	① ② ③ ④ ⑤ ⑥ ⑦ ⑧ ⑨ ⑩
44	① ② ③ ④ ⑤ ⑥ ⑦ ⑧ ⑨ ⑩
45	① ② ③ ④ ⑤ ⑥ ⑦ ⑧ ⑨ ⑩

第　回　高等学校卒業程度認定試験

化学基礎　解答用紙

氏　名

生年月日 ⇒

年号	明治 Ⓜ 大正 Ⓣ 昭和 Ⓢ 平成 Ⓗ

受験番号 ⇒

（注意事項）
1. 記入はすべてHBまたはHBの黒色鉛筆を使用してください。
2. 訂正するときは、プラスチックの消しゴムで丁寧に消し、消しくずを残さないでください。
3. 所定の記入欄以外には何も記入しないでください。
4. 解答用紙を汚したり、折り曲げたりしないでください。
5. マーク例　良い例　●　悪い例　◐ ◑ ◒ ◓ ⦿ ⬟ ◗

解答番号	解答欄 1 2 3 4 5 6 7 8 9 0
1	① ② ③ ④ ⑤ ⑥ ⑦ ⑧ ⑨ ⓪
2	① ② ③ ④ ⑤ ⑥ ⑦ ⑧ ⑨ ⓪
3	① ② ③ ④ ⑤ ⑥ ⑦ ⑧ ⑨ ⓪
4	① ② ③ ④ ⑤ ⑥ ⑦ ⑧ ⑨ ⓪
5	① ② ③ ④ ⑤ ⑥ ⑦ ⑧ ⑨ ⓪
6	① ② ③ ④ ⑤ ⑥ ⑦ ⑧ ⑨ ⓪
7	① ② ③ ④ ⑤ ⑥ ⑦ ⑧ ⑨ ⓪
8	① ② ③ ④ ⑤ ⑥ ⑦ ⑧ ⑨ ⓪
9	① ② ③ ④ ⑤ ⑥ ⑦ ⑧ ⑨ ⓪
10	① ② ③ ④ ⑤ ⑥ ⑦ ⑧ ⑨ ⓪
11	① ② ③ ④ ⑤ ⑥ ⑦ ⑧ ⑨ ⓪
12	① ② ③ ④ ⑤ ⑥ ⑦ ⑧ ⑨ ⓪
13	① ② ③ ④ ⑤ ⑥ ⑦ ⑧ ⑨ ⓪
14	① ② ③ ④ ⑤ ⑥ ⑦ ⑧ ⑨ ⓪
15	① ② ③ ④ ⑤ ⑥ ⑦ ⑧ ⑨ ⓪

解答番号	解答欄 1 2 3 4 5 6 7 8 9 0
16	① ② ③ ④ ⑤ ⑥ ⑦ ⑧ ⑨ ⓪
17	① ② ③ ④ ⑤ ⑥ ⑦ ⑧ ⑨ ⓪
18	① ② ③ ④ ⑤ ⑥ ⑦ ⑧ ⑨ ⓪
19	① ② ③ ④ ⑤ ⑥ ⑦ ⑧ ⑨ ⓪
20	① ② ③ ④ ⑤ ⑥ ⑦ ⑧ ⑨ ⓪
21	① ② ③ ④ ⑤ ⑥ ⑦ ⑧ ⑨ ⓪
22	① ② ③ ④ ⑤ ⑥ ⑦ ⑧ ⑨ ⓪
23	① ② ③ ④ ⑤ ⑥ ⑦ ⑧ ⑨ ⓪
24	① ② ③ ④ ⑤ ⑥ ⑦ ⑧ ⑨ ⓪
25	① ② ③ ④ ⑤ ⑥ ⑦ ⑧ ⑨ ⓪
26	① ② ③ ④ ⑤ ⑥ ⑦ ⑧ ⑨ ⓪
27	① ② ③ ④ ⑤ ⑥ ⑦ ⑧ ⑨ ⓪
28	① ② ③ ④ ⑤ ⑥ ⑦ ⑧ ⑨ ⓪
29	① ② ③ ④ ⑤ ⑥ ⑦ ⑧ ⑨ ⓪
30	① ② ③ ④ ⑤ ⑥ ⑦ ⑧ ⑨ ⓪

解答番号	解答欄 1 2 3 4 5 6 7 8 9 0
31	① ② ③ ④ ⑤ ⑥ ⑦ ⑧ ⑨ ⓪
32	① ② ③ ④ ⑤ ⑥ ⑦ ⑧ ⑨ ⓪
33	① ② ③ ④ ⑤ ⑥ ⑦ ⑧ ⑨ ⓪
34	① ② ③ ④ ⑤ ⑥ ⑦ ⑧ ⑨ ⓪
35	① ② ③ ④ ⑤ ⑥ ⑦ ⑧ ⑨ ⓪
36	① ② ③ ④ ⑤ ⑥ ⑦ ⑧ ⑨ ⓪
37	① ② ③ ④ ⑤ ⑥ ⑦ ⑧ ⑨ ⓪
38	① ② ③ ④ ⑤ ⑥ ⑦ ⑧ ⑨ ⓪
39	① ② ③ ④ ⑤ ⑥ ⑦ ⑧ ⑨ ⓪
40	① ② ③ ④ ⑤ ⑥ ⑦ ⑧ ⑨ ⓪
41	① ② ③ ④ ⑤ ⑥ ⑦ ⑧ ⑨ ⓪
42	① ② ③ ④ ⑤ ⑥ ⑦ ⑧ ⑨ ⓪
43	① ② ③ ④ ⑤ ⑥ ⑦ ⑧ ⑨ ⓪
44	① ② ③ ④ ⑤ ⑥ ⑦ ⑧ ⑨ ⓪
45	① ② ③ ④ ⑤ ⑥ ⑦ ⑧ ⑨ ⓪

受験地

北海道 ○　青森 ○　岩手 ○　宮城 ○　秋田 ○　山形 ○　福島 ○　茨城 ○　栃木 ○　群馬 ○　埼玉 ○　千葉 ○　東京 ○　神奈川 ○　新潟 ○　富山 ○　石川 ○　福井 ○　山梨 ○　長野 ○　岐阜 ○　静岡 ○　愛知 ○　三重 ○

滋賀 ○　京都 ○　大阪 ○　兵庫 ○　奈良 ○　和歌山 ○　鳥取 ○　島根 ○　岡山 ○　広島 ○　山口 ○　徳島 ○　香川 ○　愛媛 ○　高知 ○　福岡 ○　佐賀 ○　長崎 ○　熊本 ○　大分 ○　宮崎 ○　鹿児島 ○　沖縄 ○

キ　リ　ト　リ　線

第　回　高等学校卒業程度認定試験

化学基礎　解答用紙

氏名

受験地

受　験　地					
北海道 ○	滋賀 ○
青森 ○	京都 ○
岩手 ○	大阪 ○
宮城 ○	兵庫 ○
秋田 ○	奈良 ○
山形 ○	和歌山 ○
福島 ○	鳥取 ○
茨城 ○	島根 ○
栃木 ○	岡山 ○
群馬 ○	広島 ○
埼玉 ○	山口 ○
千葉 ○	徳島 ○
東京 ○	香川 ○
神奈川 ○	愛媛 ○
新潟 ○	高知 ○
富山 ○	福岡 ○
石川 ○	佐賀 ○
福井 ○	長崎 ○
山梨 ○	熊本 ○
長野 ○	大分 ○
岐阜 ○	宮崎 ○
静岡 ○	鹿児島 ○
愛知 ○	沖縄 ○
三重 ○	

解答欄

解答番号	解　答　欄 1234567890
1	①②③④⑤⑥⑦⑧⑨⓪
2	①②③④⑤⑥⑦⑧⑨⓪
3	①②③④⑤⑥⑦⑧⑨⓪
4	①②③④⑤⑥⑦⑧⑨⓪
5	①②③④⑤⑥⑦⑧⑨⓪
6	①②③④⑤⑥⑦⑧⑨⓪
7	①②③④⑤⑥⑦⑧⑨⓪
8	①②③④⑤⑥⑦⑧⑨⓪
9	①②③④⑤⑥⑦⑧⑨⓪
10	①②③④⑤⑥⑦⑧⑨⓪
11	①②③④⑤⑥⑦⑧⑨⓪
12	①②③④⑤⑥⑦⑧⑨⓪
13	①②③④⑤⑥⑦⑧⑨⓪
14	①②③④⑤⑥⑦⑧⑨⓪
15	①②③④⑤⑥⑦⑧⑨⓪

解答番号	解　答　欄 1234567890
16	①②③④⑤⑥⑦⑧⑨⓪
17	①②③④⑤⑥⑦⑧⑨⓪
18	①②③④⑤⑥⑦⑧⑨⓪
19	①②③④⑤⑥⑦⑧⑨⓪
20	①②③④⑤⑥⑦⑧⑨⓪
21	①②③④⑤⑥⑦⑧⑨⓪
22	①②③④⑤⑥⑦⑧⑨⓪
23	①②③④⑤⑥⑦⑧⑨⓪
24	①②③④⑤⑥⑦⑧⑨⓪
25	①②③④⑤⑥⑦⑧⑨⓪
26	①②③④⑤⑥⑦⑧⑨⓪
27	①②③④⑤⑥⑦⑧⑨⓪
28	①②③④⑤⑥⑦⑧⑨⓪
29	①②③④⑤⑥⑦⑧⑨⓪
30	①②③④⑤⑥⑦⑧⑨⓪

解答番号	解　答　欄 1234567890
31	①②③④⑤⑥⑦⑧⑨⓪
32	①②③④⑤⑥⑦⑧⑨⓪
33	①②③④⑤⑥⑦⑧⑨⓪
34	①②③④⑤⑥⑦⑧⑨⓪
35	①②③④⑤⑥⑦⑧⑨⓪
36	①②③④⑤⑥⑦⑧⑨⓪
37	①②③④⑤⑥⑦⑧⑨⓪
38	①②③④⑤⑥⑦⑧⑨⓪
39	①②③④⑤⑥⑦⑧⑨⓪
40	①②③④⑤⑥⑦⑧⑨⓪
41	①②③④⑤⑥⑦⑧⑨⓪
42	①②③④⑤⑥⑦⑧⑨⓪
43	①②③④⑤⑥⑦⑧⑨⓪
44	①②③④⑤⑥⑦⑧⑨⓪
45	①②③④⑤⑥⑦⑧⑨⓪

受験番号

⇒

①			
⓪①②③④⑤⑥⑦⑧⑨	⓪①②③④⑤⑥⑦⑧⑨	⓪①②③④⑤⑥⑦⑧⑨	⓪①②③④⑤⑥⑦⑧⑨

生年月日

⇒

年号
明治（M） 大正（T） 昭和（S） 平成（H）

年		月	日
⓪①②③④⑤⑥⑦⑧⑨	⓪①②③④⑤⑥⑦⑧⑨	⓪①②③④⑤⑥⑦⑧⑨	⓪①②③④⑤⑥⑦⑧⑨

第　回　高等学校卒業程度認定試験

化学基礎　解答用紙

氏　名 _____

受験地

北海道 ○	滋賀 ○
青森 ○	京都 ○
岩手 ○	大阪 ○
宮城 ○	兵庫 ○
秋田 ○	奈良 ○
山形 ○	和歌山 ○
福島 ○	鳥取 ○
茨城 ○	島根 ○
栃木 ○	岡山 ○
群馬 ○	広島 ○
埼玉 ○	山口 ○
千葉 ○	徳島 ○
東京 ○	香川 ○
神奈川 ○	愛媛 ○
新潟 ○	高知 ○
富山 ○	福岡 ○
石川 ○	佐賀 ○
福井 ○	長崎 ○
山梨 ○	熊本 ○
長野 ○	大分 ○
岐阜 ○	宮崎 ○
静岡 ○	鹿児島 ○
愛知 ○	沖縄 ○
三重 ○	

生年月日 ⇒

年号	
明治 Ⓜ	
大正 Ⓣ	
昭和 Ⓢ	
平成 Ⓗ	

受験番号 ⇒

（注意事項）
1. 記入はすべてHBまたはHBの黒色鉛筆を使用してください。
2. 訂正するときは、プラスチックの消しゴムでていねいに消し、消しくずを残さないでください。
3. 所定の記入欄以外には何も記入しないでください。
4. 解答用紙を汚したり、折り曲げたりしないでください。
5. マーク例　良い例　●　　悪い例　⊘ ◑ ◐ ⦸ ● ⊙ ⊖ ⦶ ✓

解答欄（解答番号 1～15）

解答番号	解答欄 1 2 3 4 5 6 7 8 9 0
1	① ② ③ ④ ⑤ ⑥ ⑦ ⑧ ⑨ ⓪
2	① ② ③ ④ ⑤ ⑥ ⑦ ⑧ ⑨ ⓪
3	① ② ③ ④ ⑤ ⑥ ⑦ ⑧ ⑨ ⓪
4	① ② ③ ④ ⑤ ⑥ ⑦ ⑧ ⑨ ⓪
5	① ② ③ ④ ⑤ ⑥ ⑦ ⑧ ⑨ ⓪
6	① ② ③ ④ ⑤ ⑥ ⑦ ⑧ ⑨ ⓪
7	① ② ③ ④ ⑤ ⑥ ⑦ ⑧ ⑨ ⓪
8	① ② ③ ④ ⑤ ⑥ ⑦ ⑧ ⑨ ⓪
9	① ② ③ ④ ⑤ ⑥ ⑦ ⑧ ⑨ ⓪
10	① ② ③ ④ ⑤ ⑥ ⑦ ⑧ ⑨ ⓪
11	① ② ③ ④ ⑤ ⑥ ⑦ ⑧ ⑨ ⓪
12	① ② ③ ④ ⑤ ⑥ ⑦ ⑧ ⑨ ⓪
13	① ② ③ ④ ⑤ ⑥ ⑦ ⑧ ⑨ ⓪
14	① ② ③ ④ ⑤ ⑥ ⑦ ⑧ ⑨ ⓪
15	① ② ③ ④ ⑤ ⑥ ⑦ ⑧ ⑨ ⓪

解答欄（解答番号 16～30）

解答番号	解答欄 1 2 3 4 5 6 7 8 9 0
16	① ② ③ ④ ⑤ ⑥ ⑦ ⑧ ⑨ ⓪
17	① ② ③ ④ ⑤ ⑥ ⑦ ⑧ ⑨ ⓪
18	① ② ③ ④ ⑤ ⑥ ⑦ ⑧ ⑨ ⓪
19	① ② ③ ④ ⑤ ⑥ ⑦ ⑧ ⑨ ⓪
20	① ② ③ ④ ⑤ ⑥ ⑦ ⑧ ⑨ ⓪
21	① ② ③ ④ ⑤ ⑥ ⑦ ⑧ ⑨ ⓪
22	① ② ③ ④ ⑤ ⑥ ⑦ ⑧ ⑨ ⓪
23	① ② ③ ④ ⑤ ⑥ ⑦ ⑧ ⑨ ⓪
24	① ② ③ ④ ⑤ ⑥ ⑦ ⑧ ⑨ ⓪
25	① ② ③ ④ ⑤ ⑥ ⑦ ⑧ ⑨ ⓪
26	① ② ③ ④ ⑤ ⑥ ⑦ ⑧ ⑨ ⓪
27	① ② ③ ④ ⑤ ⑥ ⑦ ⑧ ⑨ ⓪
28	① ② ③ ④ ⑤ ⑥ ⑦ ⑧ ⑨ ⓪
29	① ② ③ ④ ⑤ ⑥ ⑦ ⑧ ⑨ ⓪
30	① ② ③ ④ ⑤ ⑥ ⑦ ⑧ ⑨ ⓪

解答欄（解答番号 31～45）

解答番号	解答欄 1 2 3 4 5 6 7 8 9 0
31	① ② ③ ④ ⑤ ⑥ ⑦ ⑧ ⑨ ⓪
32	① ② ③ ④ ⑤ ⑥ ⑦ ⑧ ⑨ ⓪
33	① ② ③ ④ ⑤ ⑥ ⑦ ⑧ ⑨ ⓪
34	① ② ③ ④ ⑤ ⑥ ⑦ ⑧ ⑨ ⓪
35	① ② ③ ④ ⑤ ⑥ ⑦ ⑧ ⑨ ⓪
36	① ② ③ ④ ⑤ ⑥ ⑦ ⑧ ⑨ ⓪
37	① ② ③ ④ ⑤ ⑥ ⑦ ⑧ ⑨ ⓪
38	① ② ③ ④ ⑤ ⑥ ⑦ ⑧ ⑨ ⓪
39	① ② ③ ④ ⑤ ⑥ ⑦ ⑧ ⑨ ⓪
40	① ② ③ ④ ⑤ ⑥ ⑦ ⑧ ⑨ ⓪
41	① ② ③ ④ ⑤ ⑥ ⑦ ⑧ ⑨ ⓪
42	① ② ③ ④ ⑤ ⑥ ⑦ ⑧ ⑨ ⓪
43	① ② ③ ④ ⑤ ⑥ ⑦ ⑧ ⑨ ⓪
44	① ② ③ ④ ⑤ ⑥ ⑦ ⑧ ⑨ ⓪
45	① ② ③ ④ ⑤ ⑥ ⑦ ⑧ ⑨ ⓪

‐ ‐ ‐ ‐ キ リ ト リ 線 ‐ ‐ ‐ ‐

第　回　高等学校卒業程度認定試験

化学基礎　解答用紙

氏名

受験番号 ⇒

<table>
<tr><td>受験地</td><td></td></tr>
<tr><td>北海道 ○</td><td>滋賀 ○</td></tr>
<tr><td>青森 ○</td><td>京都 ○</td></tr>
<tr><td>岩手 ○</td><td>大阪 ○</td></tr>
<tr><td>宮城 ○</td><td>兵庫 ○</td></tr>
<tr><td>秋田 ○</td><td>奈良 ○</td></tr>
<tr><td>山形 ○</td><td>和歌山 ○</td></tr>
<tr><td>福島 ○</td><td>鳥取 ○</td></tr>
<tr><td>茨城 ○</td><td>島根 ○</td></tr>
<tr><td>栃木 ○</td><td>岡山 ○</td></tr>
<tr><td>群馬 ○</td><td>広島 ○</td></tr>
<tr><td>埼玉 ○</td><td>山口 ○</td></tr>
<tr><td>千葉 ○</td><td>徳島 ○</td></tr>
<tr><td>東京 ○</td><td>香川 ○</td></tr>
<tr><td>神奈川 ○</td><td>愛媛 ○</td></tr>
<tr><td>新潟 ○</td><td>高知 ○</td></tr>
<tr><td>富山 ○</td><td>福岡 ○</td></tr>
<tr><td>石川 ○</td><td>佐賀 ○</td></tr>
<tr><td>福井 ○</td><td>長崎 ○</td></tr>
<tr><td>山梨 ○</td><td>熊本 ○</td></tr>
<tr><td>長野 ○</td><td>大分 ○</td></tr>
<tr><td>岐阜 ○</td><td>宮崎 ○</td></tr>
<tr><td>静岡 ○</td><td>鹿児島 ○</td></tr>
<tr><td>愛知 ○</td><td>沖縄 ○</td></tr>
<tr><td>三重 ○</td><td></td></tr>
</table>

（注意事項）

1. 記入はすべてHBまたはHBの黒色鉛筆を使用してください。
2. 訂正するときは、プラスチックの消しゴムで丁寧に消し、消しくずを残さないでください。
3. 所定の記入欄以外には何も記入しないでください。
4. 解答用紙を汚したり、折り曲げたりしないでください。
5. マーク例

良い例 ●

悪い例

生年月日 ⇒

年号		
明治 M		
大正 T		
昭和 S		
平成 H		

解答番号	解答欄 1 2 3 4 5 6 7 8 9 0
1	① ② ③ ④ ⑤ ⑥ ⑦ ⑧ ⑨ ⑩
2	① ② ③ ④ ⑤ ⑥ ⑦ ⑧ ⑨ ⑩
3	① ② ③ ④ ⑤ ⑥ ⑦ ⑧ ⑨ ⑩
4	① ② ③ ④ ⑤ ⑥ ⑦ ⑧ ⑨ ⑩
5	① ② ③ ④ ⑤ ⑥ ⑦ ⑧ ⑨ ⑩
6	① ② ③ ④ ⑤ ⑥ ⑦ ⑧ ⑨ ⑩
7	① ② ③ ④ ⑤ ⑥ ⑦ ⑧ ⑨ ⑩
8	① ② ③ ④ ⑤ ⑥ ⑦ ⑧ ⑨ ⑩
9	① ② ③ ④ ⑤ ⑥ ⑦ ⑧ ⑨ ⑩
10	① ② ③ ④ ⑤ ⑥ ⑦ ⑧ ⑨ ⑩
11	① ② ③ ④ ⑤ ⑥ ⑦ ⑧ ⑨ ⑩
12	① ② ③ ④ ⑤ ⑥ ⑦ ⑧ ⑨ ⑩
13	① ② ③ ④ ⑤ ⑥ ⑦ ⑧ ⑨ ⑩
14	① ② ③ ④ ⑤ ⑥ ⑦ ⑧ ⑨ ⑩
15	① ② ③ ④ ⑤ ⑥ ⑦ ⑧ ⑨ ⑩

解答番号	解答欄 1 2 3 4 5 6 7 8 9 0
16	① ② ③ ④ ⑤ ⑥ ⑦ ⑧ ⑨ ⑩
17	① ② ③ ④ ⑤ ⑥ ⑦ ⑧ ⑨ ⑩
18	① ② ③ ④ ⑤ ⑥ ⑦ ⑧ ⑨ ⑩
19	① ② ③ ④ ⑤ ⑥ ⑦ ⑧ ⑨ ⑩
20	① ② ③ ④ ⑤ ⑥ ⑦ ⑧ ⑨ ⑩
21	① ② ③ ④ ⑤ ⑥ ⑦ ⑧ ⑨ ⑩
22	① ② ③ ④ ⑤ ⑥ ⑦ ⑧ ⑨ ⑩
23	① ② ③ ④ ⑤ ⑥ ⑦ ⑧ ⑨ ⑩
24	① ② ③ ④ ⑤ ⑥ ⑦ ⑧ ⑨ ⑩
25	① ② ③ ④ ⑤ ⑥ ⑦ ⑧ ⑨ ⑩
26	① ② ③ ④ ⑤ ⑥ ⑦ ⑧ ⑨ ⑩
27	① ② ③ ④ ⑤ ⑥ ⑦ ⑧ ⑨ ⑩
28	① ② ③ ④ ⑤ ⑥ ⑦ ⑧ ⑨ ⑩
29	① ② ③ ④ ⑤ ⑥ ⑦ ⑧ ⑨ ⑩
30	① ② ③ ④ ⑤ ⑥ ⑦ ⑧ ⑨ ⑩

解答番号	解答欄 1 2 3 4 5 6 7 8 9 0
31	① ② ③ ④ ⑤ ⑥ ⑦ ⑧ ⑨ ⑩
32	① ② ③ ④ ⑤ ⑥ ⑦ ⑧ ⑨ ⑩
33	① ② ③ ④ ⑤ ⑥ ⑦ ⑧ ⑨ ⑩
34	① ② ③ ④ ⑤ ⑥ ⑦ ⑧ ⑨ ⑩
35	① ② ③ ④ ⑤ ⑥ ⑦ ⑧ ⑨ ⑩
36	① ② ③ ④ ⑤ ⑥ ⑦ ⑧ ⑨ ⑩
37	① ② ③ ④ ⑤ ⑥ ⑦ ⑧ ⑨ ⑩
38	① ② ③ ④ ⑤ ⑥ ⑦ ⑧ ⑨ ⑩
39	① ② ③ ④ ⑤ ⑥ ⑦ ⑧ ⑨ ⑩
40	① ② ③ ④ ⑤ ⑥ ⑦ ⑧ ⑨ ⑩
41	① ② ③ ④ ⑤ ⑥ ⑦ ⑧ ⑨ ⑩
42	① ② ③ ④ ⑤ ⑥ ⑦ ⑧ ⑨ ⑩
43	① ② ③ ④ ⑤ ⑥ ⑦ ⑧ ⑨ ⑩
44	① ② ③ ④ ⑤ ⑥ ⑦ ⑧ ⑨ ⑩
45	① ② ③ ④ ⑤ ⑥ ⑦ ⑧ ⑨ ⑩

2024　高卒認定スーパー実戦過去問題集
化学基礎

2024 年 4 月 9 日　初版　第 1 刷発行

編集：J-出版編集部
制作：J-Web School
発行：J-出版
　〒112-0002 東京都文京区小石川2-3-4 第一川田ビル TEL 03-5800-0552
　J-出版.Net　http://www.j-publish.net/

ISBN978-4-909326-95-9 C7300 Printed in Japan